ihs
יהוה

YOUCAT

LATINOAMÉRICA

Libro de catequesis para la
Confirmación

Publicado por el equipo
YOUCAT de Augsburgo

Bernhard Meuser
Nils Baer

verbo divino

YOUCAT
Libro de catequesis para la Confirmación

1ª edición, 2024

EDICIÓN ORIGINAL
YOUCAT FIRMKURS

Título de la edición original alemana: *Bernhard Meuser, Nils Baer: YOUCAT Firmbuch.*

First edition originally published 2012 by Sankt Ulrich Verlag, Augsburg.

El propietario único de la YOUCAT Foundation es la Asociación Pontificia Internacional ACN (AID to the Church in Need [«Ayuda a la Iglesia Necesitada»]), con sede en Königstein im Taunus (Alemania).

Diseño de portada, maquetación, ilustración y composición tipográfica:
Alexander von Lengerke, Colonia (Alemania)

DE LA PRESENTE EDICIÓN PARA LATINOAMÉRICA

Traducción al español y adaptación de contenidos: Equipo Bíblico Verbo
Coordinación técnica: María Puy Ruiz de Larramendi

Impresión: Egedsa, Sabadell (Barcelona)
Depósito legal: NA 1295-2024.
ISBN: 978-84-1063-040-6
Impreso en España – *Printed in Spain*

YOUCAT Foundation destina los beneficios obtenidos a través de su labor editorial y mediante donativos recibidos a promover nuevos proyectos de evangelización para jóvenes en todo el mundo. Puedes apoyar el trabajo de YOUCAT Foundation haciendo un donativo: Deutsche Bank AG, BLZ: 720 700 24, n.° de cuenta:
031 888 100, IBAN: DE13 7207 0024 0031 8881 00, BIC: DEUTDEDB720

Contenido

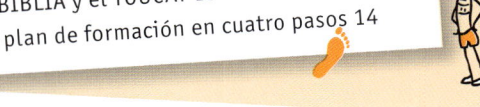

1

EN MARCHA HACIA LA CONFIRMACIÓN

¡Comenzamos!

¡Hola!

Imagina que quieres correr un maratón: Buenos Aires, Nueva York, Madrid, Ciudad de México. No puedes hacerlo sin entrenarte. Tienes que empezar a correr al menos seis meses antes para ir aumentando tu ritmo y la distancia. Y, si quieres ser realmente bueno, tendrás que ajustar tu dieta y renunciar de momento a esas deliciosas patatas fritas o a aquellas irresistibles chocolatinas... Como recompensa a tus esfuerzos, vas viendo que tu cuerpo se vuelve más sano y atlético semana tras semana. Y llega el día de la carrera: los hay que se quedan sin aliento y sin fuerzas, pero tú pareces tener reservas infinitas de energía e incluso te pones a la cabeza del pelotón.

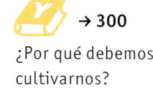

→ 300
¿Por qué debemos cultivarnos?

Algo parecido ocurre con la catequesis de Confirmación, a la que te has apuntado. También en este caso tienes que empezar con bastante tiempo de antelación para ponerte a punto y al día en algo que es realmente grande. Tal vez digas: «Lo de correr una maratón es realmente difícil, pero confirmarse lo puede conseguir todo el mundo. ¿Para qué esforzarse y ponerse tan dramáticos?». Bien, hagamos una comparación:

1.1

En marcha hacia la Confirmación

En el **maratón** trabaja tu fuerza física	En la **Confirmación** importa la preparación de tu alma, de tu yo
En el **maratón** movilizas tus reservas personales de energía	En la **Confirmación** recibes la fuerza del Espíritu de Dios (que te dará la verdadera vida)
En el **maratón** se agranda tu autoestima	En la **Confirmación** es Dios mismo quien te corona como hijo amado e intrépido discípulo de Jesús

Así que no son para nada comparables, un maratón y la Confirmación. A fin de cuentas, el maratón se queda en pura anécdota: puedes inscribirte o no; puedes correr o retirarte cuando quieras, como aquellos que nunca antes se pusieron unas zapatillas de atletismo; puedes llegar el primero, pasar la meta en el puesto 577 o ser el último en Ciudad de México, Madrid, Nueva York o Buenos Aires.

→ 34
¿Qué debe hacerse cuando se ha conocido a Dios?

Pero... no buscar a Dios, aun sabiendo que existe, ¡eso sí que es una locura, un infeliz error! Y justo en eso consiste la Confirmación: tienes la oportunidad única de descubrir a Dios, de abrirle tu corazón y de permitirle que te conozca plenamente.

1.2 Totalmente activado

¿Conoces a la Madre Teresa de Calcuta (1910-1997)? Fue una gran santa. Entregó su vida a los más pobres entre los pobres, atendiendo sin miedo y con delicada ternura a leprosos contagiosos y enfermos terminales. Siempre que tenía un minuto libre, por ejemplo en el tren o en un avión, tomaba un papel y escribía, con una letra temblorosa, sus pensamientos íntimos sobre Dios, de los que podemos aprender mucho.

En cierta ocasión escribió esta nota (no la tituló «Confirmación», pero claramente estaba pensando en ella):

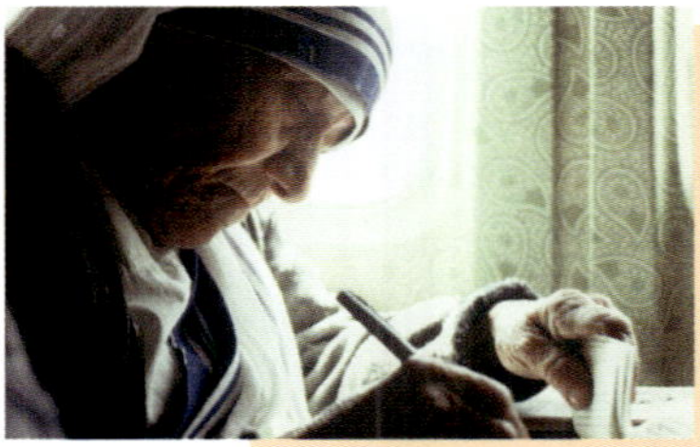

Es habitual ver cables a lo largo de la carretera... Si la electricidad no fluye por ellos, no hay luz. Pues bien: esos cables somos cada uno de nosotros, la corriente es Dios. Tenemos el poder de permitir que la electricidad pase a través de nosotros y alumbrar así la luz del mundo: JESÚS. Existe también la posibilidad de negarnos a ser instrumento de Dios y permitir entonces que la oscuridad se extienda.

En esas cinco poderosas frases esta *todo lo que necesitas saber*. ¡Léelas otra vez, y otra, y otra más, hasta diez veces! Cuando hayas entendido por completo su sentido, puedes llamar de inmediato al obispo de tu diócesis y comunicarle: «Por favor, ¿me puede confirmar ahora mismo? ¡Lo entiendo todo, estoy preparado!». Actuar así sería como llamar a tu entrenador para decirle: «Ya he comprendido los secretos del maratón: me puedes inscribir para el de Nueva York». Tu entrenador se echaría a reír y te diría: «¿Ah, sí? ¿Y cuántas carreras has hecho, cuántos kilómetros has practicado?». Y tendrías que responderle: «Cero…». Entonces enrojecerías de vergüenza y hasta perderías el valor de perseguir tu gran sueño. Y es que todo gran viaje empieza con un primer paso: si quieres correr un maratón de manera adecuada y satisfactoria, debes rescatar tus zapatillas de deporte del armario y ponerte el despertador para entrenar. Si no lo haces así, tu plan fracasará.

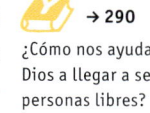

→ 301
¿Cómo se llega a ser prudente?

1.3 ¿Deseas sentir en tu interior la presencia y el poder de Dios?

Eso mismo ocurre con la Confirmación. ¿Estás ya conectado a la corriente, permaneces en conexión con Dios? ¿O crees que eso no es posible? ¿Te sientes tal vez en este momento como un cable cortado que cuelga inútilmente de un poste? ¿Deseas convertirte en un canal a través del cual pueda fluir el amor de Dios? ¿Deseas sentir en tu interior la presencia y el poder de Dios? ¿Quieres vivir una vida grande y plena? ¿Has vivido en algún momento la experiencia de estar cerca de Dios, muy cerca, y sentirte amado, protegido, ayudado, guiado por él? ¿O quizá, si eres sincero contigo mismo, solo puedes decir: «Hay un gran vacío en mí, no tengo en mi interior esa energía»?

→ 290
¿Cómo nos ayuda Dios a llegar a ser personas libres?

Ok: por un tiempo podrás encerrarte en tus infinitas actividades y pasar absolutamente de la religión. También puedes vivir en la

→ 287

¿No consiste precisamente la «libertad» en poder decidirse también por el mal?

inconsciencia, sin querer responder a las preguntas que nacen en tu interior. Podrás mentirte a ti mismo sobre tu vacío interior subiendo vídeos a tus redes. Eres muy libre para entregarte voluntariamente a la esclavitud de estar encadenado a la pantalla de tu celular, o de darte atracones a base de películas malas, o de hacerte adicto a los juegos de ordenador, o de engancharte a los cigarrillos, o de que tu vida sea un mero apéndice de Facebook...

Pero Dios no nos creó para eso.

→ 1

¿Para qué estamos en la tierra?

1.4 Dios: tu entrenador personal

Dios quiere que seamos personas grandes, seguras de sí mismas, libres; que no seamos dependientes de nadie más que de él; que brillemos desde nuestro interior; que seamos cariñosos, cordiales y atentos con todos; que luchemos de manera creativa por el bien; que resistamos a las insidias malignas de satanás; que nos esforcemos por custodiar la creación amenazada; que seamos buenos amigos de los pobres y perseguidos; que...; que...; que...

¿Te quedas sin aliento?

Si quieres una vida así de plena, si la quieres para ti, si la quieres con la ayuda de Dios, entonces solo puedo decir:

¡Ese sí que es un gran programa de entrenamiento para llegar a la Confirmación! Pero has de saber que, en comparación, los maratones son un juego de niños.

Este librito está pensado para orientarte y acompañarte hasta el gran día de tu Confirmación. Encontrarás en él muchos consejos para vivir una vida apasionante con Dios. Pero, sobre todo, encontrarás aquí referencias a dos libros que utilizarás constantemente durante tu curso de Confirmación: la **BIBLIA** y el **YOUCAT**.

→ 203
¿Qué es la Confirmación?

1.5 La BIBLIA y el YOUCAT

La BIBLIA es el libro incomparablemente más importante de todos, porque es la misma «Palabra de Dios». Aunque la Biblia fue escrita por personas, esas personas estaban llenas del Espíritu Santo. «No conocer las Sagradas Escrituras es no conocer a Cristo», dice san Jerónimo (340-420). Y san Francisco de Asís (1181-1226) añade: «Leer las Sagradas Escrituras es pedir consejo a Cristo».

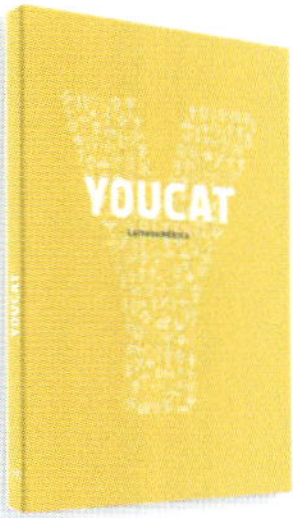

El YOUCAT es como el catecismo joven de la Iglesia católica, algo así como un manual básico de instrucciones para la fe. Puedes leer el emocionante prólogo que escribió el papa Benedicto XVI para este libro, en el que habla directamente a los jóvenes como tú. Dice allí el papa Benedicto XVI:

Tienen que saber qué es lo que creen.
Tienen que conocer su fe de forma tan precisa
como un especialista en informática conoce el sistema
operativo de su computadora, como un buen músico
conoce su pieza musical.

→ 21
¿Qué es la fe?

Lo bueno del YOUCAT es que este catecismo joven se creó a partir de la colaboración de unos 50 jóvenes de entre 15 y 25 años, que aportaron sus propias preguntas. También aportaron sus mejores fotos, y pidieron que se incluyeran dibujos en el libro. Y fueron ellos quienes tuvieron la divertida idea del *flip book* en la parte inferior del libro: ¡pruébalo! O lee qué tiene que ver la Confirmación con un partido de fútbol y qué tiene que ver la fe con el paracaidismo.

1.6 Un plan de formación en cuatro pasos

Veamos entonces tu programa de formación. Será exigente, pero es que los grandes éxitos no son gratis. En realidad, solo tienes que seguir estos cuatro pasos, que te permitirán avanzar con paso seguro en el camino de tu entrenamiento para una vida con Dios:

1 Mantener siempre el rumbo

Procura no perderte ninguna de las sesiones de catequesis, como tampoco te perderías ni una sola sesión de entrenamiento si quisieras participar en el maratón de Nueva York.

→ 219
¿Con qué frecuencia debe participar un católico en la eucaristía?

2 Buscar la cercanía de Dios

Asiste todos los domingos a la santa misa. Sin excepción. Siempre. Llueva o nieve. Aunque hayas estado de fiesta la noche anterior o tengas un *brunch* esa mañana. Cada celebración de la eucaristía es una cita con Dios: por favor, no la rechaces.

→ 499
¿Qué importancia tienen los pobres para los cristianos?

3 Hablar con Dios

Escríbete esta norma en tu mesita o velador: por la mañana, no levantarte de la cama sin una oración; por la noche, no acostarte sin una oración. Nadie puede construir una relación con Dios si no habla con él. Y eso es la oración. Es especialmente importante el **PADRENUESTRO**, pero también el **AVEMARÍA**. También puedes rezar alguno de los Salmos de la Biblia: son las oraciones más hermosas de la humanidad. Dedica también tiempo a la oración libre, según lo que espontáneamente te dicte el corazón.

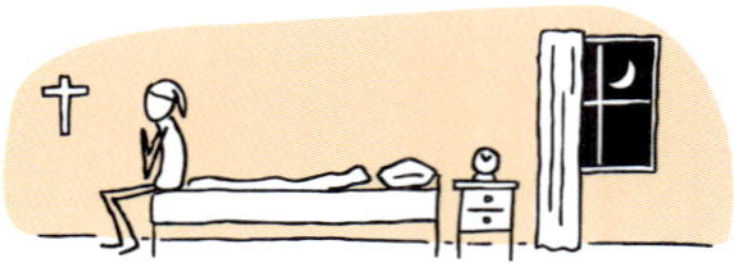

4 Escucha la palabra de Dios

Procura hacerte cuanto antes con una Biblia. Puedes pedir que te regalen una buena edición. La Biblia es como una carta, algo más larga de lo normal, que Dios te escribe a ti. Trata de leerla con frecuencia, incluso en vacaciones. Lo mejor es empezar por el Nuevo Testamento, por los evangelios. En tu lectura, ten presente siempre que es Dios quien te habla a través de su Palabra.

¡Uff! Creo que es suficiente por ahora...
Vale. Que te diviertas durante este curso de Confirmación de YOUCAT.

Por el equipo YOUCAT:

Nils Baer y Bernhard Meuser

→ **YOUCAT** → **Biblia**

En el margen de las páginas encontrarás preguntas del YOUCAT: consúltalo si algo no te queda claro. También encontrarás citas bíblicas importantes que puedes consultar en tu Biblia; es muy aconsejable que leas algunas líneas antes y después del texto indicado en la cita.

EXISTE, NO EXISTE...

2 ¿Qué podemos saber acerca de Dios?

2.1 Hay personas que no desean saber nada de Dios

Seguro que ya lo has oído o te lo han dicho alguna vez:

¡DIOS no existe! Dios es solo una invención.

El caso es que hay personas que tienen un extraño interés en que Dios no exista. ¿Por qué se pondrán tan agresivamente en contra de Dios y buscan que desaparezca de nuestro mundo todo lo que hace referencia a él? Les debería resultar indiferente. Quizá no quieren a Dios porque entonces tendrían que reorganizar por completo sus vidas. Y es que si Dios existe, y es absolutamente bueno y solo quiere el bien, entonces no se puede, de ninguna de las maneras, mentir, romper matrimonios, drogarse, engañar a los demás o considerarse a sí mismo el ombligo del mundo.

→ 357
¿Es siempre el ateísmo un pecado contra el primer mandamiento?

→ 5
¿Por qué entonces niegan las personas a Dios, si pueden conocerlo mediante la razón?

Mucha gente se dice atea simplemente porque cree que es más guay ser una especie de «dios» y decidir por sí mismos lo que es el bien y el mal. Cualquier persona que ponga su EGO en el centro del mundo es un egoísta.

Los egoístas, como muy bien sabemos todos, son personas bastante antipáticas. En realidad, es lógico que un egoísta sea ateo, porque está claro que, en su visión del mundo, no tiene cabida ningún ser que sea más grande, más bello, más inteligente, más santo y más digno de adoración que él.

Para que ellos busquen a Dios, aunque sea a tientas, y puedan encontrarlo. Porque en realidad, él no está lejos de cada uno de nosotros. En efecto, en él vivimos, nos movemos y existimos.

Hch 17,27-28

→ 41

¿Hacen las ciencias naturales innecesario al creador?

→ 42

¿Se puede estar convencido de la evolución y creer, no obstante, en el creador?

2.2 ¿Y si no consigo encontrar a Dios?

Es verdad que también hay personas que no son egoístas y tampoco creen en Dios. Suelen decir: no encuentro a Dios, no puedo descubrirlo por ninguna parte. Ni siquiera el pensar detenidamente les ayuda. «Es cuestión de lógica», dicen. Pues bien: tendremos que poner a pleno rendimiento nuestra materia gris (¡Atención! Lo que sigue es solo para personas que realmente saben y quieren pensar):

1. Todo lo que existe tiene una causa, una razón para ser: yo existo porque mis padres me dieron la vida; los acantilados de la Patagonia existen porque las placas de la corteza terrestre se mueven y, a lo largo de millones de años, las rocas han sido empujadas hacia la costa. Si algo existe, siempre tiene que haber algo que lo haya creado.
2. El universo (= la totalidad de cosas y seres que hay en el espacio y el tiempo) también existe.
3. Por tanto, necesariamente tiene que haber algo que sea la causa/razón de la existencia del universo. Porque no sería lógico que un ratón, el mar o las estrellas tuvieran una razón para su existencia, pero no la tuviera el universo. El conjunto del universo no puede existir sin una razón que lo haya causado.
4. Pero esa causa/razón del universo en su conjunto debe ser mayor y, sobre todo, completamente distinta de todo cuan-

to existe dentro del propio universo. Porque aquello que ha producido el «espacio y el tiempo» no puede formar parte al mismo tiempo del «espacio y el tiempo» producidos.

5. A ese «algo» que es más grande que todo lo que hay en el universo, pero que tiene que existir necesariamente porque si no el universo no tendría razón/sentido, lo llamamos **DIOS**.

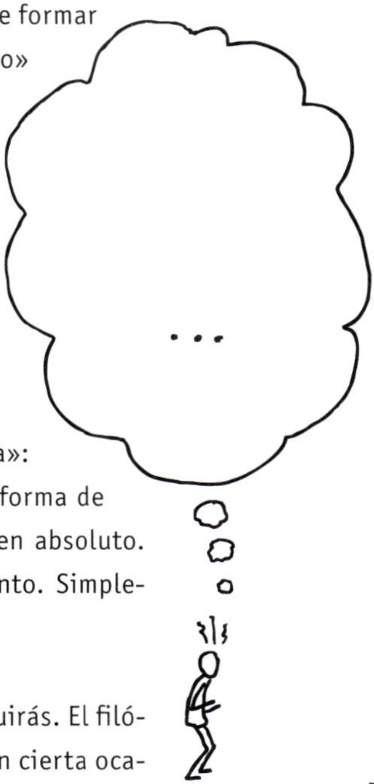

2.3 El milagro del pequeño grano de arena

PRUÉBALO: Intenta imaginarte la «nada»: la nada pura, nada de nada. No: ni siquiera una forma de oscuridad o un gran vacío. Realmente, la nada en absoluto. Nada, nada, nada. ¡Nada! Tampoco el pensamiento. Simplemente, nada.

Puedes apostar lo que quieras a que no lo conseguirás. El filósofo alemán Gottfried Leibniz (1646-1716) dijo en cierta ocasión que en este mundo solo hay una gran pregunta:

¿Por qué existe algo en lugar de nada?

- En realidad, eso que no podemos ni siquiera imaginar –la nada– es lo que hemos de dar como evidente y normal: sencillamente no hay nada. Ya está.
- Pero es que, ahora, hay algo: todos estamos absolutamente seguros de esto. Aunque solo existiera un minúsculo grano de arena y nada más, eso ya sería un milagro increíble. Ese minúsculo grano de arena, por sí solo, destruiría la «nada».
- Tiene que haber alguien que haya pronunciado un gran «sí» a todo lo que es, que haya querido que haya «algo» en lugar de «nada».
- A ese «Alguien» que creó el universo de la nada, los creyentes lo llamamos Dios.
- Y por eso decimos: Dios es el **CREADOR** del mundo.

→ 43
¿Es el mundo un producto de la casualidad?

→ 2
¿Por qué nos creó Dios?

→ 44
¿Quién ha creado el mundo?

Sin embargo, no debemos imaginarnos a Dios Creador como alguien que chasqueó los dedos al principio del mundo y luego se tumbó a descansar. Dios no dejó de pronunciar su gran «sí» al mundo al principio, sino que lo hace en cada milésima de segundo. Constantemente continúa diciendo su gran sí al mundo hasta el final de los tiempos: ¡Sí, quiero que existas, mundo mío!

> No somos el producto casual y sin sentido de la evolución. Cada uno de nosotros es el fruto de un pensamiento de Dios. Cada uno de nosotros es querido, cada uno es amado, cada uno es necesario. · BENEDICTO XVI, 24-04-2005

Sin el «sí» de Dios, sin el sí que Dios está pronunciando al mundo en este mismo instante en que estás leyendo estas líneas, el universo con todas sus vías lácteas y sistemas solares se hundiría en la nada en un santiamén, como si alguien apagara el proyector y se acabara de golpe la película.

2.4 Hasta aquí la materia gris

¿Cómo se puede saber algo acerca del ser mismo de Dios? Para conocer que Dios existe basta con tener algo de materia gris. No se necesita mucho más que una mente pensante para darse cuenta de que Dios debe existir. La idea de un mundo en el que todo tiene una razón, excepto el propio mundo, parece un sinsentido para cualquier persona con sentido común.

Pero ahora nos gustaría saber más sobre ese misterioso ser sin el cual **TODO** sería **NADA**.

¿Quién es este Dios? ¿Qué relación tiene con lo que ha creado? ¿Cómo es Dios en sí mismo? ¿Quizás es frío y cruel? ¿O es tan insensible como una máquina? ¿Estará acaso lleno de amor?

Nadie tiene respuestas a estas preguntas en su cabecita. Ni siquiera los más grandes filósofos y pensadores. Ni Sócrates ni Platón, ni Descartes ni Kant. Y todo el que afirme saber cómo es Dios «por dentro» es un chiflado o un fraude.

¿Y entonces? ¿Los humanos no tenemos *ninguna posibilidad* de conocer si ese Dios que es razón/causa última del universo es bueno o malo? ¿No podremos confiar en el Creador del mundo, porque nunca sabremos si está lleno de amor? ¿Jamás llegaremos a saber si hemos sido arrojados al mundo por un tirano cruel que juega con nosotros y que nos destruirá hoy o mañana?

Pue sí: ¡existe una posibilidad! Dios ha decidido decirnos algo sobre sí mismo: a esto lo llamamos **REVELACIÓN**. Como Dios que es, tenía varias formas disponibles para hacerlo:

- Habría podido escribir en el horizonte un enorme y mágico cartel llameante que dijera: «Existo. Por cierto, soy bueno. Firmado: Dios».
- Habría podido anunciar con voz de trueno en todos los rincones del mundo mensajes informativos del tipo: «Hoy he decidido que bla, bla, bla... Próximo parte informativo sobre mí, el miércoles. Dios».

Piensa, ahora en serio, en la palabra **REVELACIÓN**. Es como cuando te enamoras: no sabes nada del chico o de la chica de

→ 4
¿Podemos conocer la existencia de Dios con nuestra razón?

→ 7
¿Por qué tuvo Dios que mostrarse para que sepamos cómo es?

> Dispuso Dios en su sabiduría revelarse a Sí mismo y dar a conocer el misterio de su voluntad, mediante el cual los hombres, por medio de Cristo, Verbo encarnado, tienen acceso al Padre en el Espíritu Santo y se hacen consortes de la naturaleza divina.
>
> Concilio Vaticano II, *Dei Verbum* 2

Después de haber hablado antiguamente a nuestros padres por medio de los Profetas, en muchas ocasiones y de diversas maneras, ahora, en este tiempo final, Dios nos habló por medio de su Hijo, a quien constituyó heredero de todas las cosas y por quien hizo el mundo.

Heb 1,1-2

tus sueños, pero llega un momento en que se produce un «clic» y uno de los dos le dice al otro: «¿Sabes que estoy locamente enamorado/a de ti?». Es posible que hayas estado observando de lejos o de cerca a la otra persona, incluso puede que hayas leído libros sobre hombres y mujeres o sobre las diferentes teorías del amor, pero... ¡no sabes nada! El factor decisivo es el momento en que la otra persona se te **REVELA**. Y te abre su corazón y te dice algo maravilloso: «¡Durante todo este tiempo, nada he deseado más que tu amor!».

Pues bien: Dios en verdad se ha revelado (es decir, se ha dado a conocer) a la humanidad de diversas maneras: unas veces con gran despliegue de medios (en sucesos naturales, en el destino de naciones enteras), otras veces muy silenciosamente (como cuando Dios toca el corazón de una persona). En cualquier caso, el gran milagro es que Dios quiere realmente hablar con cada uno de nosotros como si fuéramos la única persona que vive en el mundo. Y la más importante, claro.

→ 20
¿Cómo podemos responder a Dios cuando nos habla?

Si hemos comprendido esto y escuchamos la voz de Dios, **a esto lo llamamos fe.**

Dios se me da a conocer.
Escucho la voz de Dios y le respondo:

→ 21
¿Qué es la fe?

«¡Aquí estás, Señor mío y Dios mío! Te doy gracias, porque me ves y me hablas. **CREO** en ti. Condúceme y guíame. Bendice mi vida y la de todos».

→ 22
¿Cómo funciona la fe?

Cuando alguien reconoce al Dios que se muestra, entonces cree en él y, en lo más íntimo de su corazón, entra en diálogo con él. A esto lo llamamos **ORACIÓN**.

2.5 Un Dios que se revela, un Libro sin igual

Dios debe darse a conocer (= revelarse) para que podamos comprenderle mejor. Y esto es lo que él hace. El Dios eterno y todopoderoso, incomprensible para nosotros los humanos, salió (y sale continuamente) de su silencio. Se manifiesta. Dios nos revela incluso sus pensamientos más íntimos. Nos deja mirar dentro de su corazón, si es que podemos hablar de «corazón» en Dios. Así sucede en tu vida, en la vida de todas las personas que se ponen a la escucha de Dios en la oración y han buscado y buscan la huella de Dios en la historia de su vida. No partimos de cero.

La **BIBLIA** es el libro en el que puedes leer cómo Dios se reveló primeramente en la historia del pueblo de Israel, cómo se nos reveló a nosotros, la humanidad, poco a poco, hasta llegar a manifestar lo más profundo de su ser en Jesús: ¡qué grande es su amor divino!

→ 8
¿Cómo se revela Dios en el Antiguo Testamento?

Durante mucho tiempo, los hombres únicamente tenían algunas ideas poco claras sobre Dios o los dioses. Pueblos enteros pensaban que Dios era un ser al que tenían que ofrecer incluso sacrificios humanos para que mostrara su clemencia. Pero ya en la historia y la vida del pueblo de Israel quedó claro que Dios no es un monstruo de diez cabezas al que hay que tener miedo perpetuo; que solo hay un único Dios, que es bueno y fiel con los que confían en él, como se demostró en la vida de muchas personas: madres, padres, hijos, profetas, reyes y santos. Abraham habló con Dios bajo el cielo estrellado; Moisés lo descubrió en la zarza ardiente. En la Biblia encuentras sus historias.

→ 9
¿Qué nos muestra Dios de sí cuando nos envía a su Hijo?

→ **Gn 19; Ex 3**

Todas estas experiencias con Dios han sido escritas en un libro increíblemente colorido y rico. El papa Benedicto XVI comparó en cierta ocasión la Biblia con un jardín, un paradisíaco y bello jardín en el que podemos encontrar, como si fueran hermosas flores, los más profundos pensamientos sobre Dios. Cuando leemos la **BIBLIA** y nos ponemos en diálogo con Dios, entonces «paseamos, por así decirlo, en el jardín del Espíritu Santo: nosotros hablamos con él y él habla con nosotros», dice el Papa.

→ 16
¿Cómo se lee correctamente la Biblia?

¡AY, TIERRA MÍA:
QUÉ ENFERMA ESTÁS!

3 ¿Por qué el mundo está roto?

A todos nos encantaría que el mundo fuera un paraíso. Pero, por mucho que se esfuercen políticos, filósofos y educadores, parece que no llegan a conseguir que la humanidad actúe solidariamente, que se erradique el hambre, que se eliminen las enfermedades, que desaparezca incluso la muerte.

→ 66

¿Estaba en el plan de Dios que las personas sufrieran y murieran?

3.1 El paraíso de los mares del Sur

El filósofo suizo-francés Jean-Jacques Rousseau (1712-1778) consideraba que el hombre era un ser original y naturalmente bueno, que después fue corrompido por la civilización y el cristianismo. Según él, en algún lugar de la «América salvaje» o en los «mares del Sur» debía de haber «buenos salvajes» que vivirían como en el paraíso, porque no se les habría inculcado el concepto de pecado.

¿Qué imaginaba Rousseau?

- El «buen salvaje» vive en perfecta armonía con la naturaleza.
- No necesita dinero.
- Es amable e inocente.
- No puede hacer otra cosa que amar a sus semejantes.
- Desconoce lo que es el pecado o el crimen.
- Desconoce igualmente la mentira.
- No necesita a nadie que lo controle o dirija.
- Goza de una salud de hierro.
- Va desnudo y vive con toda libertad su sexualidad.

Más de un siglo después de Rousseau, el pintor francés Paul Gauguin (1848-1903) también soñaba con los «mares del Sur» (que era como se llamaba entonces al océano Pacífico): «Libre al fin y sin problemas de dinero, podré amar, cantar y morir», escribía Gauguin a su esposa Mette en 1890. El pintor viajó a Tahití y habló maravillas de su experiencia a sus amigos parisinos: en la «jungla del interior de la isla» había descubierto de verdad a los inocentes y «buenos salvajes»; allí no conocían el dinero ni las preocupaciones; su vida consistía básicamente en cantar, bailar y amar libremente.

> La Felicidad no está en nosotros, ni tampoco está fuera de nosotros. La felicidad solo está en Dios. Y, una vez que lo hemos encontrado, entonces la felicidad está en todas partes.
>
> BLAISE PASCAL

> Solo hace feliz al hombre quien ha creado al hombre.
> SAN AGUSTÍN

La verdad, sin embargo, era totalmente distinta. En realidad, Gauguin estaba profundamente decepcionado. Los plátanos no los tenía a mano precisamente. No sabía pescar ni cazar, de forma que vivía a base de comida de lata costosamente importada. Sus «buenos salvajes» también padecían numerosas enfermedades, luchaban duramente por sobrevivir y tenían una moral estricta. Gauguin, ya enfermo de sífilis, no tenía acceso a las hermosas muchachas desnudas que tanto deseaba pintar. Tenía que conformarse con Titi, una «mujer de placer», a base de dinero, claro.

Conclusión:

- ni Jean-Jacques Rousseau,
- ni Paul Gauguin,
- ni ninguna otra persona...

... ha encontrado jamás al «ser humano naturalmente bueno». Tampoco Rousseau fue una excepción. El filósofo, que se veía a sí mismo como el gran educador de la humanidad, nunca educó a un niño: tuvo cinco hijos, pero los entregó a diversos hospicios según fueron naciendo.

> El jardín del paraíso no se pisa con los pies, sino solo con el corazón.
> SAN BERNARDO DE CLARAVAL

3.2 «No hago lo que quiero, sino lo que aborrezco»

Nos puede resultar muy fácil criticar a Rousseau o a Gauguin, que, por lo demás, fueron grandes personas en sus respectivos campos. Pero mejor sería que nos diésemos golpes de pecho y buscáramos los defectos de nuestra propia vida. Porque todos tenemos algún defecto. Algunos se dan cuenta antes, otros después. A menudo nos enfadamos con nosotros mismos:

«¡Diablos! Quería hacerlo bien. Pero luego he hecho exactamente lo contrario. ¡Qué estúpido/a soy!».

→ **Rom 7,15-25**

No te lo vas a imaginar: el propio san Pablo tuvo esta misma experiencia. Lee atentamente el texto: ¡es asombroso!

3.3 ¿Y siempre será así, nunca acabará?

Cuando se trata de estas experiencias, la fe habla de «pecado original» (es decir: el «pecado del origen») y de sus consecuencias:

→ 69
¿Nos vemos obligados a pecar por el pecado original?

- Todos queremos el bien, lo bueno,
- pero, de alguna manera, nos sentimos como presionados,
- como si alguien nos estuviera sugiriendo e impulsando a hacer exactamente lo contrario de lo que queremos.
- Una y otra vez. Una y otra vez.
- Y no hay *coaching, learning, teaching, training* o *working* que valgan.

Sí: el mundo está roto.
Ya no vivimos en el paraíso.

La Biblia también habla del paraíso. De aquel primer paraíso perdido y del futuro paraíso al que Dios quiere conducirnos de nuevo: el cielo. La Biblia explica el pecado original (y, por tanto, la expulsión del paraíso) con la historia del pecado de Adán y Eva.

→ Gn 2,7-17; Gn 3

→ 68

¿Pecado original? ¿Y qué tenemos que ver nosotros con el pecado de Adán y Eva?

El pecado en sentido propio es una culpa de la que hay que responder personalmente. El término «pecado original» no se refiere por tanto a un pecado personal, sino al estado caído de la humanidad en el que nace cada individuo antes de pecar por decisión propia. Por pecado original, dice Benedicto XVI, debe entenderse...

que «todos llevamos dentro una gota del veneno de ese modo de pensar reflejado en las imágenes del libro del Génesis... El ser humano no confía en Dios. Tentado por las palabras de la serpiente, abriga la sospecha de que Dios... es un competidor que limita nuestra libertad, y que solo seremos plenamente seres humanos cuando lo dejemos de lado... El ser humano no quiere recibir de Dios su existencia y la plenitud de su vida... Al actuar así, se fía de la mentira más que de la verdad y así se hunde con su vida en el vacío, en la muerte»

BENEDICTO XVI, 8-12-2005

3.4 Un ingeniero explica el pecado original

→ 70
¿Cómo nos saca Dios del torbellino del mal?

El cardenal Schönborn de Viena contó una vez durante una catequesis que un ingeniero le aclaró perfectamente en qué consiste el pecado original o pecado del origen. Decía así el cardenal:

«Un ingeniero (un buen ingeniero) me dio una vez la definición más acertada del pecado original que haya escuchado jamás, una definición muy atractiva y sencilla. Por su experiencia como ingeniero, él sabe que para cada aparato es necesario un manual de instrucciones; si no sigo las instrucciones de uso, no puedo luego culpar al diseñador del aparato de que no funcione. Pues bien, este ingeniero decía que el pecado original (o, para ser más precisos: el pecado original de nuestros primeros padres) con-

sistió en el rechazo del libro de instrucciones. Dios nos ha dado una naturaleza humana: somos criaturas y nuestras correctas instrucciones de uso están, por así decirlo, inscritas en nuestra naturaleza de criaturas, Dios nos las ha dado así. Ahora bien, si nosotros hacemos de nuestra propia naturaleza un uso diferente, no podemos acusar a Dios de no actuar. El pecado original es el rechazo de nuestra condición de criatura; es querer ser como Dios, pero sin Dios; es no querer recibir nada de Dios, sino quererlo hacer todo por nosotros mismos. "Serán como dioses"».

3.5 La llave para acceder al paraíso

Por favor, díganme: ¿por dónde se va al paraíso?

No por el camino que filosofó Rousseau
hacia su paraíso inventado;
no por el camino que pintó Gauguin
hacia su paraíso imaginado.

> Hemos perdido el paraíso, pero hemos recibido el cielo, por eso la ganancia es mayor que la pérdida.
>
> SAN JUAN CRISÓSTOMO

Sí por el camino de Jesús, que reabrió para nosotros el paraíso cerrado y restableció de nuevo nuestra relación con Dios.

Él, nuevo Adán, empezó ya a vivir como si aquel «crack» del principio nunca hubiera ocurrido...

EL HIJO DE DIOS ALTÍSIMO

4 Jesús: más que un mero hombre

Existe una instructiva anécdota sobre el zar ruso Pedro el Grande (1672-1725). De joven, Pedro era enormemente curioso: quería aprenderlo todo para que, llegado el día en que fuera coronado como zar, sus políticas acertaran a modernizar su atrasado país.

«En Rusia podríamos construir barcos tan deslumbrantes como los holandeses», se dijo. Porque, de hecho, los holandeses eran los mejores constructores navales del mundo por aquella época. Así que el futuro zar se infiltró en un astillero holandés con una identidad falsa y aprendió el oficio de constructor naval. Años más tarde, cuando Pedro accedió al trono, consiguió en poco tiempo que los rusos construyeran magníficos veleros...

4.1 Una idea de cine

→ 72
¿Qué significa el nombre «Jesús»?

Pues bien: Dios haciéndose hombre es una historia todavía más increíble que la del zar Pedro infiltrándose de carpintero durante unos años. Dios hecho hombre: suena a cuento de hadas o a original idea para un gran éxito de cine.

Sí: alguien en Hollywood podría haber ideado este guion de fantasía. Algo parecido a esto:
«Dios» vive aburrido en su cielo, así que se le ocurre la delirante idea de disfrazarse de humano. Baja a la tierra, pero va de ridículo en ridículo, porque «Dios» no tiene ni idea de cómo funcionan las cosas por aquí abajo. Eso hace que se produzcan situaciones extravagantes, aunque afortunadamente «Dios» se saca de la manga un sinfín de trucos mágicos y de milagros que le permiten salir airoso de las peores situaciones. Pero la trama llega a su zénit cuando nuestro protagonista conoce a una chica maravillosa, se enamora perdidamente de ella y no quiere ya regresar al cielo...

→ 73
¿Por qué se le da a Jesús el sobrenombre de «Cristo»?

Nos habríamos reído mucho, habríamos apurado nuestra coca-cola y devorado el cubo de palomitas. Y, pasados tres días, ni nos acordaríamos de la película.

4.2 Mejor que cualquier película: los pensamientos de Dios

Realmente, ¿qué ha hecho Dios por su pobre creación, rota y herida por el pecado? Digamos primero lo que no ha hecho:

- no nos ha dejado olvidados y fuera de órbita
- no ha dejado de amarnos ni ha puesto fin a su fidelidad hacia nosotros
- no ha enviado un gran castigo sobre este mundo en el que reinan el odio, la envidia y la codicia, en el que las personas se hacen daño, se matan de hambre, se privan de oportunidades y de salarios dignos, un mundo en el que los hijos no son mejores que sus padres
- no nos ha sentenciado a «pena de muerte» por nuestros pecados

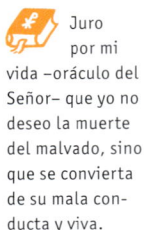

Juro por mi vida –oráculo del Señor– que yo no deseo la muerte del malvado, sino que se convierta de su mala conducta y viva.

Ez 33,11

Entonces, ¿qué ha hecho Dios en vez de esto?

→ 76

¿Por qué se hizo Dios hombre en Jesús?

- Ha visto nuestro sufrimiento y nuestras lágrimas, porque nos apena tener que morir.
- Ha decidido compartir todo con nosotros, excepto el pecado.
- Ha asumido nuestra naturaleza humana en Jesús de Nazaret, que fue hijo de la judía María y nació en Belén hacia el año 7 a. C.

→ Jn 3,16

4.3 Dios, ¿¡un bebé!?

¿Te lo imaginas? ¿Te imaginas a Dios llorando como un crío, alimentándose como un nene de los pechos de su madre, ensuciando como un bebé sus pañales? ¿Te imaginas a Dios como un niño correteando por las calles, magullándose las rodillas, acudiendo entre lágrimas a su madre? ¿Te imaginas a Dios como un muchacho orgulloso de ir creciendo en su cuerpo y en su mente, que comparte alegrías y penas con sus amigos y amigas, que experimenta tentaciones sexuales y... que va descubriendo cada vez más profundamente que, a pesar de todo, él no es de este mundo, sino que está unido de un modo íntimo, profundo y único con su Padre que está en los cielos? ¿Te lo imaginas?

→ 79

¿Tenía Jesús un alma, un espíritu y un cuerpo como nosotros?

Si te surge alguna dificultad con todas estas preguntas, no temas: no estás solo. Los primerísimos cristianos conocieron a Jesús con sus propios ojos:

- Veían en él a una persona real con la que podían reír, llorar, comer, beber, cantar y divertirse.
- Pero también veían a un Jesús que hacía milagros y que incluso podía resucitar a los muertos. Sintieron que había en sus palabras un poder sobrehumano. Y, sobre todo, pudieron comprobar que la muerte no tenía poder sobre él: bajo Poncio Pilato, hacia el año 30 d. C., Jesús fue cruelmente ejecutado en la cruz y su muerte quedó certificada con toda verdad; pero, tres días después, le vieron vivo «más de quinientos hermanos al mismo tiempo» (1 Cor 15,6).

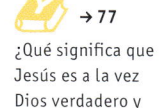

→ 77
¿Qué significa que Jesús es a la vez Dios verdadero y hombre verdadero?

Es fácil imaginar los debates que se produjeron en los primeros siglos de la Iglesia, hasta que, en el año 451, el Concilio de Calcedonia (hoy un distrito de Estambul) acordó la siguiente fórmula: «Jesucristo es a la vez verdaderamente Dios y verdaderamente hombre».

4.4 Tan humano y tan divino: la historia de Lázaro

A muchas personas que veían a Jesús sobre todo como Dios no les parecía bien que Jesús tuviera un verdadero amigo humano: Lázaro de Betania. Decían: «Si es Dios, ¡qué necesidad hay de tener amigos!». Pero la Biblia nos cuenta que Jesús sí tuvo amigos y que Lázaro fue uno de los más cercanos. No conocemos más detalles, pero, como buenos amigos, Jesús y Lázaro sin duda pasarían mucho tiempo juntos, en silencio o de charla, y se alegrarían cuando se encontraran de nuevo, y quizás harían excursiones por el valle del Jordán o por Jerusalén... En cierta ocasión, el evangelio según Juan nos cuenta que Jesús se retrasó demasiado a la hora de hacer una visita a su amigo Lázaro.

→ Jn 11,1-46

Puedes preguntarte: ¿qué es divino y qué es humano en la persona de Jesús?

4.5 No hay sufrimiento que Dios no conozca

Imagínate que viene alguien y te dice:

«¡Quédate con tu Dios! No necesito ningún Dios que esté sentado allá en el cielo y para quien todo es un mundo de rosas. ¿Sabes? Yo he sufrido cosas que poco tienen que ver con ningún Dios... Te puedo decir que no encontré ningún Dios en los infiernos por los que pasé».

Y podría proseguir así:

«He padecido esta y aquella enfermedad... Estuve a punto de morir... He sufrido acoso y discriminación... Mis amigos me han

traicionado y me han dejado solo... Fui condenado injustamente... Fui torturado y atormentado...».

¿Qué le podrías decir tú? Tal vez podrías dirigirle estas serenas palabras:

→ **Heb 4,14-16**

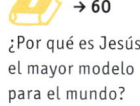

«Mira: no sé a qué Dios te refieres... El mío, mi Dios, estuvo enfermo y también sufrió el miedo a la muerte. Le insultaron y persiguieron. Fue traicionado por sus mejores amigos. Lo condenaron injustamente y fue torturado hasta morir. Estuvo allí donde no estuvo nunca ningún Dios: en el reino de la muerte. Toma mi Dios, si el tuyo no te basta».

→ **60**
¿Por qué es Jesús el mayor modelo para el mundo?

¿UN DIOS DE DOLOR Y MUERTE?

5 ¿Por qué tuvo que morir Jesús?

Ante la figura de Jesús hay división de opiniones: ¿actuaba con el poder de Dios o era un impostor, un falso profeta, un blasfemo, un transgresor de la Ley judía? Los que le odiaban solo veían que se ponía en el lugar de Dios: perdonar los pecados o relativizar el mandamiento del sábado eran transgresiones castigadas con la pena de muerte.

→ 96
¿Por qué se condenó a un hombre de paz como Jesús a morir en la cruz?

Esa es la historia externa. Pero:

- ¿Por qué quiso entrar Jesús en aquel nido de víboras que era Jerusalén, sabiendo que allí moriría?
- ¿Por qué no trató de esquivar su juicio?
- ¿Por qué no incitó a sus discípulos a luchar por él?
- ¿Por qué no reaccionó Dios desde el cielo?

→ 94
¿Sabía Jesús que iba a morir cuando entró en Jerusalén?

Para todos esos interrogantes, solo hay una respuesta:

Jesús asumió con plena conciencia su muerte. Así lo quiso, porque el Padre así lo quería.

Solemos escuchar frases del tipo: «Jesús murió por amor a nosotros». O bien: «Jesús murió para redimirnos por medio de su sufrida pasión». ¿Qué queremos decir, en realidad?

→ 98
¿Quería Dios la muerte de su propio Hijo?

5.1 ¿Cuáles fueron los sufrimientos de Jesús?

Es posible que hayas visto la película *La pasión de Cristo*, de Mel Gibson (2004). Hay quien dice que no es una buena película, pues solo se fija en la brutalidad de los padecimientos de Jesús. Y es verdad: toda la película es una repulsiva orgía de sadismo, violencia y sangre.

Otros dicen: ¿y qué pasa? Así de crudas fueron realmente la pasión y la muerte de Jesús.

La crucifixión era la forma más cruel de ejecución en la Antigüedad. Ningún ciudadano romano podía ser crucificado; la

→ 101
¿Por qué tuvo Jesús que redimirnos precisamente en la cruz?

cruz se utilizaba sobre todo para castigar hasta la muerte a esclavos fugitivos... Jesús fue crucificado, pero hay mucho más: previamente fue torturado de todas las formas imaginables. Puedes examinar más de cerca los «instrumentos de la pasión de Cristo» (en el arte se llaman en latín «Arma Christi»: son las armas con las que Jesús derrotó a la muerte); los puedes descubrir en muchas representaciones artísticas (como la de la página siguiente: Cruz Arma Christi, en Bremenried [Alemania]):

- La **copa de la pasión** recuerda la sangre de Jesús, «que se derrama por ustedes» (Lc 22,20).
- El **cántaro de agua** se refiere a Pilato, que se lavó las manos cuando entregó a Jesús para que lo ejecutaran.
- Atado a una **columna**, Jesús fue flagelado con un bestial **látigo** hasta el desfallecimiento físico.
- La **corona de espinas** sirvió para que los soldados se burlaran de Jesús.
- Antes de ser clavado en la cruz, Jesús fue despojado de sus **vestiduras**, de forma que murió vergonzosamente desnudo.

- Los **clavos** fueron clavados con un **martillo** en las muñecas y los pies de Jesús.
- Los **dados** fueron utilizados por los soldados para echarse a suertes las ropas de Jesús.
- Para saciar su sed, al Crucificado le ofrecieron una **esponja empapada en vinagre** y atada a un palo.
- La **lanza** pertenece al soldado que, para rematar a Jesús, le atravesó con ella el costado.
- Ya muerto, a Jesús lo desclavaron de la cruz con una **tenazas**.
- La **escalera** fue utilizada para descender de la cruz el cadáver de Jesús.

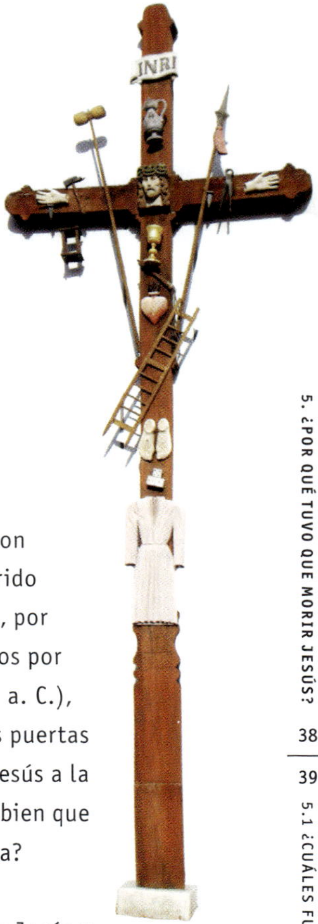

Estos «instrumentos de la pasión de Cristo» provocaron un dolor cruel a Jesús. Pero si Jesús solo hubiera sufrido *por* haber recibido esos suplicios: ¿qué le distinguiría, por ejemplo, de aquellos 6000 esclavos hechos prisioneros por los romanos cuando la revuelta de Espartaco (73-71 a. C.), que fueron crucificados a lo largo de la Vía Apia a las puertas de Roma? ¿Qué diferencia habría entre el miedo de Jesús a la muerte y el miedo a la muerte de tantas personas de bien que son víctimas inocentes del terrorismo y de la violencia?

Solo hay una única diferencia entre el sufrimiento de Jesús y el de cualquier otra persona que haya sufrido en toda la historia de la humanidad:

En la cruz no estuvo clavada una persona cualquiera, allí murió el Amor mismo: el Hijo de Dios hecho hombre.

→ 102
¿Por qué debemos aceptar también el sufrimiento en nuestra vida y así «cargar con la cruz» y con ello seguir a Jesús?

¿En qué consistió entonces el sufrimiento de Jesús? Él sufrió por todo el odio, toda la maldad, todos los pecados, todo el crimen, toda la crueldad que han oscurecido y oscurecen nuestro mundo.

Por tanto, también sufrió por ti, por nosotros, por todos.

5.2 El golpe mortal

En boxeo se dice que algunos boxeadores tienen un «golpe mortal», es decir, que podrían causar de verdad la muerte de su rival con sus puños: en un único movimiento concentran una potencia tan inmensa que liquidan al adversario. Por supuesto, los buenos boxeadores solo buscan el *knock-out* deportivo de su oponente, pero se dan casos de boxeadores muertos en el *ring* por causa de un puñetazo de su adversario.

> La nieve se derrite en primavera. No puede destruir los rayos del sol. Igualmente el mal tampoco puede destruir el amor.
>
> RICHARD WURMBRAND

Cuando Dios se hizo hombre para demostrarnos su amor sin límites, el **MALIGNO** se dispuso a asestar uno de sus «golpes mortales». «Lucharon vida y muerte en singular batalla», reza un antiguo himno que se canta en Pascua.

Fue como si toda la perversidad y todo el mal del mundo se hubieran reunido en Jerusalén por aquellos oscuros días de abril del año 30 para tumbar en la lona al **AMOR** por excelencia: **JESÚS**. Se produjo una situación que muy bien podría haber ideado el propio diablo:

- Fanatismo, odio, mentiras, falsos testimonios, cinismo descarado, juegos de poder, brutalidad, tortura, cobardía, miedos, traición, silencio.

Sí: fue como si todo el mal del mundo se reagrupara allí y entonces, para dar al Amor un golpe mortal.

¿Y qué hizo Jesús?

No guerreó, no devolvió el golpe, no se defendió. Guardó silencio ante Pilato. Cargó con su cruz. Dejó que se descargara sobre él toda la fuerza del pecado. Murió para dar un nuevo comienzo al mundo.

→ 99
¿Qué sucedió en la Última Cena?

Entregó su vida por todos, también por ti

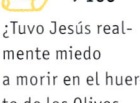

→ 100
¿Tuvo Jesús realmente miedo a morir en el huerto de los Olivos la noche antes de su muerte?

5.3 ¿Cómo entendió su muerte el propio Jesús?

Se puede especular mucho sobre la muerte de Jesús, pero lo mejor es atenernos a la Biblia. En efecto, Jesús mismo habló sobre el sentido de su muerte. Y los evangelistas lo pusieron por escrito: ciertamente no lo transmiten palabra por palabra, pero su testimonio general es digno de confianza. Debemos leer una y otra vez estos textos sagrados (e invocar al Espíritu Santo para que nos ayude a comprenderlos), de modo que cada vez podamos entender más profundamente lo que tratan de decirnos.

→ Jn 13,1-15

5.4 Una farmacéutica, una religiosa y alguien que no se sometió a la dictadura de la violencia

¿Tiene sentido morir por los demás? ¿No es más productivo seguir vivo? Antes de hablar de Jesús, hablemos de tres personas «normales» que entregaron su vida por otros.

¿Cómo?
¡Mi vida por la tuya!
Tres ejemplos:

La farmacéutica estadounidense Jessica Theresa Hanna (1982-2024) era conocida por su personalidad empática y su profunda fe católica. En 2020, durante el embarazo de su cuarto hijo, los médicos le diagnosticaron un cáncer de mama y le aconsejaron abortar, pero ella decidió traer a su hijo al mundo. En el parto se descubrió que tenía un gran tumor, probablemente terminal. Jessica se abrazó entonces a la cruz de Jesús. Creó una cuenta de instagram bajo el nombre «bendecida por el cáncer» (@blessed_by_cancer). Milagrosamente quedó curada del cáncer tras el nacimiento de Thomas, pero en 2022 el cáncer se reprodujo, más agresivo, y la llevó finalmente a la muerte.

María Agustina Rivas López, la beata Aguchita, nació en 1920 en Coracora (Ayacucho, Perú), en el seno de una familia numerosa y cristiana. Hizo sus votos a los 25 años como religiosa de la Congregación de Nuestra Señora de la Caridad del Buen Pastor. Desplegó su labor misionera durante muchos años en la zona de Barrios Altos, en el centro de Lima. En 1987 se traslada a la localidad de La Florida, en la selva central del Perú. Eran tiempos de gran violencia en todo el país, generada por el grupo terrorista Sendero Luminoso. El 27 de septiembre de 1990, cuando Aguchita tenía 70 años, un grupo de Sendero Luminoso ingresó a La Florida y organizó uno de sus fatídicos «juicios populares» sobre seis personas. Una de ellas era la Hermana Luisa, pero, al no encontrarla, le dijeron a Aguchita que ella tomaría su lugar, acusada de ayudar a los pobres de la localidad. Aguchita trató de arrodillarse

y rezar, pero sus piernas le flaquearon. Con cinco balazos, una joven integrante del comando terrorista, de solo 17 años, la mató.

El Hermano de La Salle Jaime Gutiérrez Álvarez, nacido en 1924 en Pácora (Caldas, Colombia), había sido profesor desde 1988 y ahora era también director del Colegio La Salle, en el barrio Campo Amor de Medellín. En todo momento destacó por su amplia cultura, su dinamismo educador y su consagración a la orientación de los jóvenes, a quienes siempre les inculcó el rechazo a la droga. Consecuente con su vocación, pero también con arriesgado valor, el Hermano «Yimmy» se atrevió a denunciar en varias ocasiones el enorme tráfico de droga y dinero que pululaba en aquella ciudad; de hecho ya había recibido amenazas en varias ocasiones por parte de personas dedicadas al negocio de venta de estupefacientes en las cercanías de su centro docente, pues «les estaba dañando el negocio». Pero, aun conociendo las amenazas, su fe y su lucha por mantener alejada de todo vicio a la juventud fueron superiores al miedo. Y así ofrendó su vida el 21 de mayo de 1991, cuando fue herido de seis disparos en el rostro por un sicario, cerca de su colegio del alma. Murió camino del hospital.

Jessica Hanna murió por dar vida a su hijo.

La Madre Aguchita ofreció su vida
por su Hermana Luisa.

El Hermano Yimmy fue asesinado por defender
a los jóvenes de las garras de la droga.

→ 87

¿Por qué Jesús se dejó bautizar por Juan si no tenía pecado?

5.5

El misterio de la sustitución

Se necesita un sustituto cuando uno mismo no puede estar en algún sitio:

- Nadie podría haber salvado al pequeño Thomas del aborto salvo su propia madre, Jessica.
- No hubo otra persona que mostrara la entereza de la Madre Aguchita al entregar su vida por la de la Hermana Luisa.
- Nadie más que el Hermano Yimmy estuvo allí, en su colegio de Medellín, para defender con su vida la justicia y el futuro de sus jóvenes.

→ 70

¿Cómo nos saca Dios del torbellino del mal?

¿Y por qué murió Jesús? Porque nadie más podía hacer en su lugar lo que él hizo por nosotros.

- Formamos parte de este mundo nuestro, olvidado de Dios y alejándose de él a la velocidad de la luz.

- Nos resulta imposible salir de nuestra infelicidad por nuestras propias fuerzas. Es Dios quien tiene que salvarnos. Alguien tiene que llevarnos de nuevo a casa.

- En Jesús, Dios ha venido a nosotros. En este mundo del pecado original. En la desgracia de nuestro alejamiento de Dios. En la oscuridad de nuestro pecado. En nuestra tristeza, nuestros sufrimientos, nuestros gritos, nuestra desesperación, nuestro destino a la muerte. En nuestros infiernos de droga, violencia y pobreza.

→ **Flp 2,6-8**

- Es verdad que siempre podremos huir más lejos todavía de Dios. Pero cuando hemos tocado el fondo más hondo, allí hay alguien: Jesucristo.

→ **76**
¿Por qué se hizo Dios hombre en Jesús?

- El **AMOR** nos espera en el valle de la muerte.

- Cuando Jessica Hanna, la Hermana Aguchita o el Hermano Yimmy llegaron al valle de la muerte, fueron abrazados por Jesús, que los llevó a la alegría, a la gran fiesta de la vida: la comunión eterna con Dios.

EL RETORNO DE JESÚS, ES DECIR...

6 ¡La resurrección es histórica!

En el mundillo del boxeo se suele decir: «¡Jamás volverán!». Se dice así de los grandes campeones que antes ganaban todos los combates. Un día aparece un joven boxeador y echa del *ring* a golpes a ese campeón sénior, que tiene que tragarse su derrota y retirarse avergonzado. Pero trata de volver al *ring* para demostrar a todos, una vez más, su valía. Y la aventura acaba en desastre: el viejo campeón recibe una soberana paliza, cae vencido, se retira humillado... La leyenda del boxeo queda arruinada.

> Jesús en el domingo de Pascua: todos lo habían borrado ya de la lista y, después de tres días: el regreso. Un regreso realmente hermoso, cuando nadie contaba ya con ello.
>
> BERND STROMBERG, Serie de TV *Stromberg*

6.1 La destrucción de una leyenda

¿Qué es lo que había pasado? En su época, Jesús era una estrella. Había surgido como un cometa que, con su luminosa cola, arrastraba a la gente tras de sí: amigos, discípulos, apóstoles, curiosos, sensacionalistas, idealistas de la política... Y, en efecto, todo esto era muy razonable:

- No hay duda de que Jesús debió de ser un orador portentoso que sabía cómo fascinar a las masas.

→ 90
¿Hizo Jesús milagros o son solo cuentos piadosos?

- Además, con Jesús presente siempre se podía esperar un milagro. De hecho, la Biblia habla de ciegos que empiezan a ver, cojos que vuelven a andar, sordos que ahora oyen, leprosos que de repente se encuentran sin llagas malolientes ni feas cicatrices. Hasta devolvió la vida a algunos muertos (y no aparentemente muertos: en el caso de Lázaro, su hermana Marta le dice a Jesús: «Señor, ya huele mal, porque lleva aquí en el sepulcro cuatro días»).

→ Jn 11,39

- Jesús pidió a los que le seguían que le acompañaran a Jerusalén, en medio de una delicada situación política. Ya sabemos que el país estaba ocupado por los romanos. ¿Se estaba acaso preparando un levantamiento sangriento contra los odiados ocupantes? Muchos esperaban un libertador. Y hacía tiempo que circulaban rumores de que un «mesías» enviado por Dios vendría y barrería a los romanos del país en un violento golpe de Estado.

→ 73
¿Por qué se le da a Jesús el sobrenombre de «Cristo»?

→ 95

¿Por qué eligió Jesús la fecha de la Pascua judía para su muerte y resurrección?

Y entonces llegaron los días decisivos en Jerusalén. A los poderosos de la Ciudad Santa no les hizo falta reclutar espías ni servicios secretos para saber que este hombre peligroso –Jesús– estaba por la ciudad. Justamente se celebraba las fiestas de Pascua, cuando miles de judíos de todo el mundo peregrinaban a Jerusalén. El principal día de la fiesta, el cielo se oscurecía con el humo de los 18.000 corderos sacrificados. ¿Podría también «incendiar» la Ciudad ese Profeta de Nazaret? Muchos lo esperaban. Otros estudiaban cuidadosamente cómo dar jaque mate a Jesús. Las autoridades de Jerusalén sabían muy bien que no tenía sentido atacar a los prepotentes ocupantes de la mundialmente poderosa Roma: cualquier intento acabaría en un baño de sangre.

Sin embargo, las cosas resultan muy distintas con Jesús:

Al ser maltratado, se humillaba y ni siquiera abría su boca: como un cordero llevado al matadero, como una oveja muda ante el que la esquila, él no abría su boca.

Is 53,7

Indefenso como un cordero, se deja llevar al matadero.
Pedro tiene que enfundar su espada desenvainada en Getsemaní.
Jesús guarda silencio ante el tribunal que lo juzga.
Deja que le sobrevenga todo.

Si en alguna ocasión Jesús fue considerado «campeón» invencible por sus discípulos, en el Gólgota tuvo lugar la ruina de una leyenda.

→ Mt 26,69-75

6.2 ¡Vámonos de aquí!

La detención y condena de Jesús, su indefensión y su muerte como criminal, debieron decepcionar a sus seguidores, hasta tal punto de que incluso Pedro, que era uno de los amigos íntimos de Jesús, le traiciona de forma incomprensible: «¡Yo no conozco a ese hombre!» (Mt 26,74), dice cuando le preguntan por su Señor.
Cuando Jesús fue finalmente ejecutado, sus últimos discípulos huyeron en desbandada. Sí, se marcharon veloces, cada uno por su camino. ¿Qué podría decir un pescador a sus antiguos colegas? «¡Hola, chicos, ya he vuelto, salió mal! ¿Cuándo zar-

pan?». ¿Qué vas a hacer, si no, en una situación así, como admirador de alguien que ha desaparecido y acabado sin pena ni gloria? Pues te escondes. Al menos por un tiempo. No quieres ni que te recuerden lo que pasó.

> En la Cruz está la salvación, en la Cruz está la vida, en la Cruz está la esperanza.
>
> Antífona del Viernes

Pero entonces, ¿cómo puede ser...

... que la mayor comunidad religiosa del mundo surgiera de esta historia de perdedores? Porque, en la actualidad, casi 2000 millones de personas –una cuarta parte de la población mundial– se identifican a sí mismas como cristianas.

6.3 El nacimiento de una religión mundial

En tan solo treinta años tras la muerte de Jesús, el naciente cristianismo llegaba ya a casi todo el mundo antiguo, incluida la capital mundial de la época: Roma. A partir de pequeñas comunidades («iglesias domésticas»), avanzó la gran Iglesia, que fue abriéndose paso como el grano de mostaza de la parábola. Una ola de alegría va recorriendo país tras país. Grandes y respetados personajes se convierten y son bautizados junto con sus esclavos. Es verdad que los nuevos cristianos son perseguidos, incluso se intenta aniquilarlos por completo: en los estadios y teatros se les arroja a los leones. Pero esos cristianos prefieren morir antes que traicionar su fe. Así que con Jesús debió de producirse un increíble «nuevo comienzo». Y, en muy poco tiempo, el movimiento de Jesús conquistó a los decepcionados campesinos y a los frustrados pescadores, una causa que los tomó de sus campos y sus barcos y los convirtió de repente en entusiastas misioneros-mensajeros de la fe.

→ **Mt 13,31-32**

> Si el Tíber sube hasta los muros de la ciudad, si el Nilo no sube e inunda los campos, si el tiempo no es favorable, si hay un terremoto, si hay hambre, si hay una epidemia, inmediatamente se oye el clamor: ¡Los cristianos a los leones!
>
> TERTULIANO, alrededor del 197

¿Qué fue aquello

que convirtió a estos hombres y mujeres de la escondida comarca de Galilea en testigos irresistibles de la fe? ¿En qué consistió aquello que llevó a la conversión de filósofos griegos y emperadores romanos en el plazo de tres siglos? Las opiniones difieren a la hora de examinar en qué consistió este sensacional nuevo comienzo de Jesús.

He aquí algunas respuestas:

→ Jn 11,27

→ 107 ¿Volvió Jesús por la resurrección al estado corporal que tenía durante su vida terrena?

→ Jn 20,24-29

→ 103 ¿Murió realmente Jesús o pudo quizá resucitar porque solo había muerto aparentemente?

1 La historia de la resurrección de Jesús es cierta. Esa resurrección es la única razón del mayor «retorno» en la historia del mundo. Jesús, que estuvo realmente muerto, volvió a una nueva vida. Es verdad que volvió en una condición humana muy diferente (atravesaba puertas cerradas, por ejemplo) y ya no formaba parte de la vida normal. Pero estaba vivo para siempre. Sus discípulos fueron testigos de ello, porque el Resucitado se les mostró de manera tan física que Tomás pudo incluso meter el dedo en la herida del costado de Cristo. Por segunda vez, el mismo Resucitado sacó a sus discípulos de su mundo normal: así nació la primera comunidad cristiana. El secreto de su éxito misionero fue el propio **RESUCITADO**, que estaba vivo y vivía misteriosamente en medio de ellos. Y la joven Iglesia llevaba también en su mochila este otro mensaje increíble: quien se queda con Jesús tiene vida eterna, «aunque muera».

Esta es la convicción esencial de toda la Iglesia. Y tiene muchas buenas razones para afirmarlo.

2 Jesús solo murió aparentemente. Así que lo sacaron de su falsa tumba, reorganizó sus tropas y reapareció como cabeza del «cristianismo, gran religión mundial». Luego murió en paz y está enterrado en un lugar desconocido.

¡Es muy improbable! No solo sabemos que murió crucificado, sino que, ya muerto, le clavaron una lanza en el corazón.

3 Jesús murió, sí, pero fueron sus discípulos quienes lo sacaron de la tumba. Y esa leyenda de la tumba vacía originó el mito de la resurrección. Los discípulos utilizaron todo este encantador cuento para obtener mejores resultados a la hora de proclamar el mensaje de Jesús.

¿Los discípulos de Jesús como ladrones de tumbas y mentirosos? No cuela: hubo demasiados testigos que vieron los acontecimientos.

4 Jesús volvió de la muerte, pero no como piensan los cristianos. Jesús murió, permaneció muerto y sigue muerto; tan muerto que es posible que un día encuentren sus huesos y sinteticen en un laboratorio su ADN. El retorno de Jesús consistió en que «su causa» continuó. Jesús no vive, están vivas sus bellas palabras: estas sí permanecieron vivas y viven.

Y si Cristo no resucitó, la fe de ustedes es inútil.

1 Cor 15,17

No es cierto, aunque puede haber algunos cristianos que, fiados solo de lo que puede entender su razón, sostienen que los milagros son imaginarios. Entonces, ¿cómo explicar la rápida expansión del cristianismo? ¿Como una especie de *flashmob* religioso, en el que todos acaban cantando: «¡Aleluya! ¡Jesús vive!»?

6.4 ¡Un *flashmob* de Dios! ¿Pudo ser eso?

¿Has presenciado alguna vez un *flashmob* real? En internet hay uno muy emocionante, ambientado en un centro comercial de Welland (Canadá), días antes de la Navidad de 2010. La gente va y viene con bolsas, algunos descansan tomando un café o una cocacola. Se ven caras sombrías y vacías. De repente, una chica se levanta y empieza a cantar a pleno pulmón: «¡Aleluya, aleluya!» (¿Conoces el famoso «Aleluya» de Haendel?). Todos giran la cabeza: «¡¿Se ha vuelto loca?!». Segundos después, otro chico se sube a una silla y se une al canto con la segunda voz. «¡Vaya, otro loco! El caso es que no lo hacen tan mal...». Y luego entra otra tercera voz. Y después, alguien deja su taza de café y también se pone a cantar a pleno pulmón. De forma que, al cabo de dos minutos, toda la cafetería está de pie cantando. La gente ríe, no se lo cree, es demasiado bonito. Porque todos lo han captado ya: no es una simple coincidencia; un ingenioso coro ha organizado su particular *flashmob* navideño. En otras palabras: lo habían acordado de antemano. Los miembros del

» El acontecimiento de la muerte y de la resurrección de Cristo es el corazón del cristianismo, el apoyo fundamental de nuestra fe, la palanca poderosa de nuestras certezas, el viento impetuoso que barre todo miedo y toda indecisión, toda duda y todo cálculo humano.

BENEDICTO XVI, 19-10-2006

coro fingían ser meros clientes en el centro comercial y que no se conocían. Pero, en realidad, ensayaron durante meses para su *flashmob*, aunque allí pareciera totalmente espontáneo.

¿No pudo pasar algo parecido con la resurrección?

Porque no les hicimos conocer el poder y la Venida de nuestro Señor Jesucristo basados en fábulas ingeniosamente inventadas, sino como testigos oculares de su grandeza.

2 Pe 1,16

Podríamos plantearlo así: después de que cada uno de los discípulos se dispersara a los cuatro vientos durante un tiempo, todos cambiaron de opinión, porque no podían olvidar a Jesús. Se dijeron: «Aunque Jesús haya fracasado, nos quedan sus enseñanzas; si las seguimos, entonces de alguna manera Jesús sigue "vivo"». Y así surgió la Iglesia primitiva, que tenía «un solo corazón y una sola alma». En aquella Iglesia, distintas personas dieron testimonio de que «Jesús» «vivía» en sus almas. Para convencer a judíos y griegos de esta «vida», Pablo y los evangelistas se inventaron la leyenda simbólica de la tumba vacía y de la resurrección de Jesús de entre los muertos.

¿Qué pensar de todo esto? ¿Es la resurrección solo un «símbolo», un acuerdo eclesiástico (como si hubieran dicho: «¡Ahora hablaremos de resurrección!»)? Si este *flashmob* de los primeros cristianos, organizado por unos pocos discípulos, fuera la verdadera historia del cristianismo, solo cabría recomendar a todos los cristianos que abandonaran inmediatamente la Iglesia y su fe, que nadie recibiera ya el bautismo o la Confirmación. Porque, si fuera así, el acontecimiento central de la fe cristiana –¡la resurrección de Jesús!– habría sido una invención y los apóstoles serían unos tramposos sinvergüenzas, que engañaron al mundo antiguo con sus mentiras.

→ 104
¿Se puede ser cristiano sin creer en la resurrección de Cristo?

La Iglesia canta en Pascua:

**¡Cristo ha resucitado!
¡Verdaderamente ha resucitado!
¡Aleluya!**

No: no es ningún *flashmob* amañado de aleluyas simultáneos. La Iglesia cree lo que canta.

6.5 Los testigos del Resucitado

¿En qué se apoyaba la seguridad de la primera Iglesia de que a nadie se le habría ocurrido pensar ni por asomo que la resurrección de Jesús fuera falsa?

→ 105
¿Cómo llegaron los discípulos a creer que Jesús había resucitado?

Veamos el testimonio más antiguo sobre la resurrección de Jesús. Es más o menos del año 55, es decir, unos 25 años después de la muerte de Jesús. Fue escrito por san Pablo: él no fue testigo directo de los acontecimientos de Jerusalén, pero sí habla de «testigos oculares directos», que, haciendo el recuento, bien podrían ser unas 520 personas o más. Dice así:

- «Cefas» (= la Roca, es decir, el jefe de los apóstoles: Pedro).
- «Más de 500 hermanos al mismo tiempo»
- «Santiago».
- «Todos los apóstoles».
- «A mí, que soy como el fruto de un aborto».

→ 1 Cor 15,3-9

Lee este importante texto de la Primera Carta a los Corintios.

¿Por qué Pablo se describió a sí mismo como «el fruto de un aborto»? ¿Y cómo puede decir que también a él se le ha aparecido Cristo resucitado, cuando solo se unió a la joven comunidad cristiana más tarde? Tienes que conocer la historia de san

Pablo, Saulo según su nombre judío.

La primera comunidad cristiana temía a este nombre como a ningún otro. Porque Saulo era un activo perseguidor de cristianos que tenía las manos manchadas de sangre. «Saulo –cuentan los Hechos de los Apóstoles– respiraba amenazas de muerte contra los discípulos del Señor». Cuando la lapidación de Esteban, el primer mártir del cristianismo, allí estaba Saulo, custodiando las ropas de los que tiraban piedras. «Saulo aprobó la muerte de Esteban», dice el texto de Hechos (8,1).

¿Entiendes ahora por qué Pablo dice de sí mismo que es «como el fruto de un aborto»? Porque tenía una turbia historia. Cristo tuvo que tirarlo de su caballo y dejarlo ciego para mostrárselo:

¡Yo existo y tú persigues a la gente equivocada! ¡He resucitado: estoy vivo!

→ **Hch 9,1-5**

Fue un parto difícil, que trajo a Pablo a una nueva vida.

No dejes de leer la apasionante historia de san Pablo en los Hechos de los Apóstoles.

→ **Hch 9**

¡Qué historias! Jesucristo eligió a un traidor (= Pedro) y a un perseguidor de cristianos (= Pablo) para construir con ellos su Iglesia.

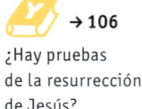

→ **106**
¿Hay pruebas de la resurrección de Jesús?

Para conseguirlo, tuvo que mostrarse ante ellos de forma totalmente inequívoca como el **RESUCITADO** y Viviente. Entonces sí, entonces Pablo pudo referirse a sí mismo como «testigo de la resurrección».

Esta es la verdad sobre la resurrección de Jesús

6.6 ¿Y qué tiene que ver con nosotros esa resurrección de Jesús?

Piensa si hay alguien de tu familia que ya ha fallecido: tal vez un tío o una tía, un abuelo o una abuela; a lo mejor uno de tus padres o algún hermano...

- ¿Crees que este ser querido tuyo se ha ido completa y totalmente? ¿Es como si nunca hubiera existido?
- ¿Crees que un Dios bueno podría olvidarlo?
- ¿Puedes imaginar que en realidad vive ahora una nueva vida, en una nueva realidad con Dios?

> ¿Se olvida una madre de su criatura, no se compadece del hijo de sus entrañas? ¡Pero aunque ella se olvide, yo no te olvidaré!
>
> Is 49,15

Muchas personas tenemos la esperanza de que Dios no nos borre sin más de su Libro de la Vida.

Que esto es posible (morir y, sin embargo, encontrar una nueva vida)...

→ 108

¿Qué cambió en el mundo mediante la resurrección?

... lo sabemos desde que Jesús murió y resucitó. A su amiga Marta, que no quería creer que Lázaro pudiera recibir por Jesús una nueva vida, Jesús le dijo: «Yo soy la Resurrección y la Vida. El que cree en mí, aunque muera, vivirá; y todo el que vive y cree en mí, no morirá jamás».

→ Jn 11,25

Y le preguntó: «¿Crees esto?».
Todo cristiano debe responder a esa pregunta:

¿Crees esto de Jesús?

¡VIVE EL ESPÍRITU!

7 ¡Viaje de exploración al Espíritu Santo!

En la Confirmación, el Espíritu Santo desciende sobre ti. Seguro que has oído y usado más de un vez la palabra «espíritu»: los castillos están encantados por «espíritus»; las bebidas «espiritosas» se embotellan (aunque no hace falta beberlas...); y cuando hablamos de un «genio», nos referimos a un filósofo famoso o a un brillante escritor. En la Iglesia, el Espíritu Santo desempeña una gran tarea desde que descendió sobre los discípulos en Pentecostés en «lenguas como de fuego». Tenemos que explorar más de cerca para entender mejor qué (mejor dicho: quién) es el Espíritu Santo.

→ **Hch 2,1-5**

7.1 La religión más moderna del mundo

El pueblo de Israel estaba orgulloso, y con razón, de tener la religión más moderna del mundo, por así decirlo. Otros pueblos pensaban que detrás de cada trueno había una divinidad distinta. Incluso en la época de Jesús, los griegos –que fueron los campeones mundiales en filosofía y cultura– seguían imaginando un caótico cielo plagado de dioses. Los judíos, en cambio, sabían que solo podía existir un solo Dios: Yahvé. Eran «monoteístas», es decir, creyentes en un único Dios.

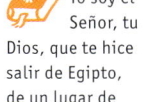

Yo soy el Señor, tu Dios, que te hice salir de Egipto, de un lugar de esclavitud. No tendrás otros dioses delante de mí.

Ex 20,2-3, Primer mandamiento

7.2 ¿Uno, dos, tres o cuántos?

Cuando vino Jesús, las cosas se complicaron aún más. Sus conciudadanos judíos aún podían entender que Jesús llamara **PADRE** al Dios del cielo; eso no se salía de su monoteísmo. Pero es que Jesús, además, hacía cosas que solo Dios puede hacer: curaba a los enfermos, resucitaba a los muertos y perdonaba los pecados. ¡Vaya! ¿Es que ahora, de repente, había dos dioses: el **PADRE** y su **HIJO**? Para los judíos, esto no era solo un retroceso a una religión más primitiva, sino que les resultaba tan intolerable que llegaron a crucificar a Jesús por ello.

→ **35**

¿Creemos en un solo Dios o en tres dioses?

Pero iba a ser aún peor. Cuando Jesús se despidió de sus discípulos, les prometió «otro Defensor», el **ESPÍRITU SANTO**.

→ **Jn 14,16**

En Pentecostés, los discípulos entendieron lo que Jesús había querido decir con esto: el **ESPÍRITU SANTO** fue derramado sobre ellos.

→ 113
¿Qué quiere decir «Creo en el Espíritu Santo»?

→ Jn 20,19-22
→ Hch 2,1-4

Los discípulos experimentaron entonces una profunda seguridad y alegría en la fe, y recibieron dones asombrosos **(CARISMAS)**. Con ellos se sintieron capaces de predicar, sanar y hacer milagros. De ahí que los cristianos recemos al **PADRE** y al **HIJO** y al **ESPÍRITU SANTO.** Y que bauticemos en el nombre del Padre, y del Hijo, y del Espíritu Santo. ¿Adoramos a tres dioses a la vez?

→ 118
¿Qué sucedió en Pentecostés?

¡No! Los cristianos no somos «politeístas» (personas que creen en varias o muchas divinidades). Tras largas y profundas reflexiones en los primeros siglos de la Iglesia, se encontró la fórmula apropiada: «Un Dios en tres Personas». Y lo llamamos **TRINIDAD.** Hay un solo y único Dios, pero, por medio de Jesús, la Iglesia comprendió que en lo más íntimo de este Dios único hay comunión, intercambio y amor entre tres Personas.

7.3 El gran desconocido

Mucha gente dice: «Puedo entender a Jesús, el Hijo. Puedo rezar a Dios, el Padre. Pero el Espíritu Santo... sigue siendo un extraño para mí».

Repasa estas sencillas claves para conocer mejor al Espíritu Santo:

→ 38
¿Quién es el Espíritu Santo?

- De primeras, piensa: el Espíritu Santo es el Espíritu de Dios, el poder que impulsó a Jesús, el amor que hay entre Jesús y el Padre, la fuerza con la que Jesús curaba.

→ 115
¿Con qué nombres y símbolos aparece el Espíritu Santo?

- Cuando Jesús fue bautizado en el río Jordán, «algo» descendió sobre él desde lo alto en forma de paloma. Podríamos pensar que Dios Padre le envió algunos buenos pensamientos o una especie de energía positiva. Pero no es así. Los buenos pensamientos son aire que va y viene; la energía se disipa.

- Jesús no recibió una idea, ni se cargó de energía anónima como una batería. En el bautismo de Jesús se hace visible su relación con el Padre.

- El Espíritu Santo es el Amor de Dios personificado. Esto significa que podemos hablar de tú a tú al Amor: el Amor ve y escucha, el Amor mismo nos responde.

- Jesús nos regaló su Amor, su Espíritu Santo. Es decir: no nos dejó unas ideas originales © de Jesús, sino que nos dio su Espíritu como una realidad viva, que actúa en nosotros, a quien podemos hablar y rezar, una Persona que escucha, responde, siente, conduce, etc.

- El Espíritu Santo está con nosotros de igual manera que Jesús estuvo con sus discípulos: igual de cerca, igual de accesible, igual de atento, igual de sanador, igual de milagroso.

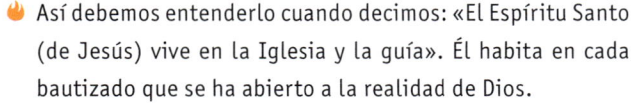

- Así debemos entenderlo cuando decimos: «El Espíritu Santo (de Jesús) vive en la Iglesia y la guía». Él habita en cada bautizado que se ha abierto a la realidad de Dios.

Y → 114
¿Qué función tiene el Espíritu Santo en la vida de Jesús?

Jesús «está sentado a la derecha del Padre». Pero, a través de su Espíritu Santo, le podemos experimentar a nuestro lado como cuando caminó por los campos de Galilea o predicó a orillas del lago de Genesaret.

7.4 El Espíritu Santo y tu corazón: Pentecostés también en ti

En cualquier feria popular se pueden comprar esos típicos globos con forma de corazón. Porque el corazón es el símbolo universal del «amor»: ¡corazón = amor!

¿De verdad «corazón = amor»? Sería estupendo que solo existiera este sentimiento en cada corazón humano: AMOR. Sería revolucionario si todos nos tratáramos con alegría sincera y una profunda simpatía interior.

→ Mc 7,21-22

Pero Jesús ya nos dijo que, en realidad, todo lo malo de nuestro mundo nace precisamente de lo profundo del corazón humano.

HAZ LA PRUEBA:
Quédate a solas contigo mismo en una habitación durante cinco minutos: sin móvil, sin tablet, sin música. ¿Te atreves? Hay gente que no aguanta ni tres minutos. Porque nos pasan muchas cosas en el corazón:

- Hay una inquietud que nace de nuestro interior, a veces una tristeza inexplicable
- Del corazón pueden surgir el odio y la ira
- A menudo nos carcome la codicia por algo que no nos pertenece
- O sentimos envidia de otros que son más guapos, más listos, más exitosos, más famosos que nosotros
- En ocasiones nos da la sensación de que nuestro corazón es una ciénaga turbia de la que afloran burbujas tóxicas

Otros describen la vida íntima de su corazón con palabras como: «Busco la verdadera alegría, pero no consigo encontrarla»; «Hay algo insaciable en mí, como un pozo gigantesco que no se puede llenar del todo con nada»; «¡No encuentro la paz dentro de mí!».

7.5 ¿Por qué mi corazón no está satisfecho con nada?

No debe preocuparte que tu corazón sea tan grande, tan anhelante, tan inquieto.

> Nos hiciste, Señor, para ti, y nuestro corazón está inquieto hasta que descansa en ti.
> SAN AGUSTÍN

Dios ha creado nuestro corazón de tal manera que no esté contento con nada excepto con Dios.

Es bueno que sientas ese gran vacío interior que hay en ti: está ahí para que Dios pueda habitar dentro de ti. Dios quiere que seamos felices. Quiere llenarnos hasta la última fibra de nuestro ser, no con una «energía» anónima, sino con Él mismo. Quiere que vivamos una vida con sentido y que nuestra alegría sea sin fin. Por eso ha hecho nuestro corazón tan inmensamente amplio y tan imposible de ser habitado por nadie que no sea su mismo Espíritu Santo.

→ 338
¿Qué es la gracia?

Con este «Dulce Huésped del alma»: ¿qué es lo que habita entonces en ti en lugar del odio, la envidia, los celos, el miedo y la codicia? El amor, que es fruto del Espíritu Santo.

→ 1 Jn 4,16
1 Cor 3,10

Si fuera de otro modo, el gruñón multimillonario del petróleo ruso, Román Abramovich, sería el hombre más feliz del mundo: propietario de mansiones en las costas más bellas del mundo; poseedor de los mejores modelos de Rolls-Royce y Ferrari; dueño de aviones, helicópteros y yates de lujo en todos los continentes y mares... Al parecer no tenía bastante, y se compró un club de fútbol. Pero nadie ha asegurado que con todo esto sea realmente [más] feliz.

Sin embargo, la persona más sencilla que abre su corazón al Espíritu Santo de Dios puede encontrar inmediatamente la paz y la alegría, porque el Amor mismo viene a ella y la habita.

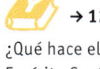

→ 120
¿Qué hace el Espíritu Santo en mi vida?

7.6 ¡Ponte cómodo dentro de mí!

¿Has estado alguna vez en Taizé (Francia)? Si no es así, deberías probarlo. Taizé es realmente genial. Muchas personas han descubierto allí una profunda fe en Dios. Sobre todo en los meses del verano europeo, llegan allí miles de jóvenes de todo el mundo. Acampan en tiendas o duermen en barracones. En la Comunidad de Taizé viven unos cien monjes, en su mayoría jóvenes. Se puede hablar personalmente con ellos y participar en diálogos grupales. Pero lo más hermoso son los encuentros de oración. Una campana suena tres veces al día y todos (¡Sí: todo el mundo!) se dirigen al templo. Te encuentras allí personajes de lo más chocante, sujetos que ni por asomo te esperarías en cualquier celebración parroquial. La capilla también es un tanto extraña: no hay bancos, todos se sientan por el suelo. La oración tampoco empieza oficialmente con una campanilla o un canto de entrada; los monjes, vestidos de blanco, van entrando uno a uno y se sientan calladamente en el suelo, en medio de todos los jóvenes...

> Ven, Espíritu Divino/ manda tu luz desde el cielo/ Padre amoroso del pobre/ don, en tus dones espléndido/ luz que penetra las alma,/ fuente del mayor consuelo.
>
> VENI, SANCTE SPIRITUS, alrededor de 1200

Y, de repente, en medio del silencio, se oye una sola voz que canta: «Veni, Sancte Spiritus!» (es decir: «¡Ven, Espíritu Santo!»). Y se van uniendo otras voces a ese mantra que, en unos minutos, se ha convertido en un bello canto polifónico en el que todos participan: el Hermano Matthew, con su túnica blanca; Melany, de Chile; Ximena y María del Carmen, dos peruanas que trabajan como voluntarias, Antonio y Pilar, de España; Katerina, de Rusia...

Parece como si esta celestial y sonora plegaria no quisiera terminar nunca. Y todos los asistentes pueden sentir cómo ese canto de Taizé va penetrando cada vez más en su alma, llenándola de amor y paz.

> Dios habla en su silencio del corazón y solo tienes que escucharle.
>
> MADRE TERESA DE CALCUTA

Puedes rezar esta oración:

¡Ven, Espíritu Santo! ¡Ven también a mi corazón! Lléname por completo de tu alegría, de tu paz, de tu gracia. ¡Ven y habita en mí, ponte cómodo en mi interior! Haz que mi vida sea hermosa a tus ojos. Retira de los rincones de mi corazón todo mal pensamiento, toda inquietud, toda tristeza, todo temor. Sé mi mejor amigo y consejero, Espíritu Santo. Guíame para que nunca me desvíe del camino del Evangelio. Inspírame pensamientos de paz. Consuélame cuando esté triste. Fortaléceme ante la tentación. Abrásame cuando mi amor amenace con enfriarse. Haz que sea luz y signo del amor de Dios para los demás. *¡Veni, Sancte Spiritus!*

7.7 Los nueve frutos del Espíritu Santo

¿Cómo reconoces que el Espíritu Santo está en ti?

En la Carta a los Gálatas encontrarás los nueve **FRUTOS DEL ESPÍRITU SANTO:**

→ Gal 5,22-23

AMOR

Donde está el Espíritu Santo, allí hay amor. Que es algo más que un sentimiento. De lo contrario, solo sentiríamos amor por un bebé muy mono, pero sabemos que debemos amar a todos los bebés, también a los que nacen con espina bífida. Cuando el Espíritu Santo enciende el amor de Dios en nosotros, es como cuando introduces un enchufe en la toma de corriente: se encienden dentro de ti todos los sentimientos que Dios mismo tiene hacia lo que ha creado (las personas, los animales, las flores). Dios está loco de amor por nosotros. El amor divino no es un amor del tipo: «si... entonces»; no es un amor con límites temporales: «no pasará jamás». Es fiel. Lo transforma todo, especialmente el mundo de tus relaciones. Con el amor de Dios en ti, todo lo miras con ojos nuevos.

→ 1 Cor 13,8

ALEGRÍA

→ 311
¿Cuáles son los frutos del Espíritu Santo?

Donde está el Espíritu Santo, allí hay alegría. Imagina un concierto de rock donde todo el mundo está dando gritos y saltos, bailando, levantando los brazos al aire. Jesús ha vencido a la muerte: ¡qué maravilla! Estamos redimidos, nos espera el paraíso. Verdaderamente podemos bailar felices, aunque aún tengamos muchos problemas pendientes de resolver. Dicen que los ángeles están siempre bailando en el cielo. Y hay más alegría por una sola persona que se arrepiente y deja atrás su pecado «que por 99 justos que no necesitan convertirse».

→ Lc 15,1-7

> Una vez que la paz de Dios ha echado raíces en tu corazón, llevarás esta paz a los hombres y los sanarás de su miedo vital y de sus dudas.
>
> SAN CHARBEL MAKHLOUF (1828-1898, primer santo del Líbano)

PAZ

Donde está el Espíritu Santo, allí hay paz. Cesa toda inquietud interior. La tristeza disminuye. El miedo desaparece. Encuentras tu equilibrio interior y tus pasiones no te arrastran de acá para allá como una hoja al viento. Entonces, los demás buscarán tu cercanía y tu amistad, porque vives en armonía contigo mismo y con el universo, incluidos los animales. La paz de tu corazón te hace especialmente amable.

MAGNANIMIDAD

> Señor, dame fuerza para cumplir lo que me mandas. Y entonces mándame lo que quieras.
>
> SAN AGUSTÍN

Donde está el Espíritu Santo, allí hay magnanimidad (= grandeza de alma). Sufrir mucho significa que tienes mucha fuerza interior. Donde otros se rinden, tú resistes en pie. Dejas de ser una persona de arrebatos. Cuando antes aguantabas 800 metros, ahora corres maratones. Aguantas los contratiempos como nadie. El Espíritu Santo te convierte en un luchador que nunca se rinde. Los demás se preguntan de dónde sacas esa fuerza. Tú lo sabes.

SANCTE SPIRITUS!

AFABILIDAD

Donde está el Espíritu Santo, allí hay afabilidad (= amabilidad). Le haces la compra a tu anciano vecino. Ayudas a tus compañeros en los deberes. Inviertes tiempo entrenando con tu amigo al fútbol para que practique penales. La Madre Teresa decía siempre a sus hermanas que cuidaban de los moribundos: «No basta con que ustedes cuiden de ellos: ¡deben hacerlo con una sonrisa!».

BONDAD

Donde está el Espíritu Santo, allí hay bondad. Dios es infinitamente bueno. Hacer el bien nos acerca a Dios. Quien es constante en hacer el bien se convierte automáticamente en una persona «bondadosa», es decir, habitualmente buena con los demás. Hablas con un vagabundo, le ofreces tu ayuda. Cuidas de un niño. Hablas con una persona solitaria. Escuchas a un anciano sin medir el tiempo. Te preocupas con las preocupaciones de los demás. Vivir con bondad es el estilo de vida de Dios. Cuando estás cerca de una persona bondadosa, puedes respirar aliviado y crecer a su vera.

> Nada cautiva más al hombre que el amor y la bondad.
>
> SANTA CATALINA DE SIENA

CONFIANZA

Donde está el Espíritu Santo, allí hay confianza. Dios no es unas veces «así» y otras «asá». Puedes confiar en Él al cien por cien, aunque a veces atienda a tus peticiones de forma distinta a como a ti te gustaría. Él te es fiel, incluso aunque tú traiciones mil veces, a él o a otras personas. El Espíritu Santo te ayuda a hacer firme tu corazón y a que seas «fiel hasta la muerte», a imagen del Dios fiel. ¿Conoces *El Principito*, de Antoine de Saint-Exupéry? Hay en él una frase maravillosa sobre la confianza leal: «Eres responsable para siempre de lo que has domesticado. Tú eres responsable de tu rosa...».

> Si algo te parece difícil, piensa que no estamos llamados a tener éxito, sino a ser fieles.
>
> MADRE TERESA DE CALCUTA

MANSEDUMBRE

Felices los pacientes, porque recibirán la tierra en herencia.
Mt 5,5

Donde está el Espíritu Santo, allí hay mansedumbre. Con este fruto del Espíritu Santo en tu interior tendrás valentía, pero una valentía dulce, es decir, una valentía no violenta, no esa otra valentía que, en su lucha por una buena causa, destruye más de lo que construye. Una valentía que cura y crea algo bello. Tendrás valor, pero entrelazado con el amor y la paciencia. La audacia que agrada a Dios consiste en lograr algo grande con paciencia amorosa. De hecho, Jesús redimió al mundo con este tipo especial de valentía: tomó el camino de la no violencia hasta llegar incluso a la cruz.

TEMPERANCIA

Donde está el Espíritu Santo, allí hay temperancia (= dominio de sí mismo). Este fruto del Espíritu Santo te hace ser tú mismo. Ya no estarás obsesionado por cosas que te hacen esclavo, por personas de las que te hiciste dependiente, por gobernantes que te manipulan. No te dejarás arrastrar por la codicia, no serás cautivo de tus pasiones. Serás libre para hacer lo que deseas hacer con todo tu corazón: el bien. Para eso te creó Dios.

” No estamos amenazados por nuestros enemigos, sino por nosotros mismos.

CHARLES DE FOUCAULD

HIJO MÍO: HABLEMOS (I)

8 Orar es hablar con el Dios vivo

Según todo lo que has aprendido hasta ahora, hay una cosa que no es posible: ser cristiano sin rezar. Será un fracaso monumental. Del mismo modo que una historia de amor no funciona si el chico y la chica nunca se dicen cosas bonitas, ni intercambian besos, ni muestran constantemente interés el uno por el otro. Igual: no puedes vivir con Dios si no buscas su presencia cada día.

> Al buen Dios le gusta ser molestado.
>
> SAN JUAN MARÍA VIANNEY, Cura de Ars

8.1 ¿Qué es la oración?

En esto de la oración hay una verdadera sabia: santa Teresa de Jesús (1515-1582). Teresa fue una mujer apasionada, revolucionaria y, además, mística (es decir, que Dios le hablaba con especial intensidad). Se la considera la mayor maestra de oración en la Iglesia.
¿Y qué dice santa Teresa que es la oración?

En mi opinión, la oración no es otra cosa que tratar de amistad, estando muchas veces tratando a solas con quien sabemos nos ama.

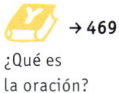

De otra gran santa, la Madre Teresa de Calcuta, podemos aprender cómo vivir realmente en la presencia de Dios a lo largo de nuestra jornada.

8.2 Aprende a rezar con santa Teresa de Calcuta

Tal vez digas: ¡Uff! ¿Y tiene que ser precisamente con la Madre Teresa, una santa tan grande? Si quiero aprender a nadar no acudo a la campeona del mundo...

→ 469
¿Qué es la oración?

No tienes por qué tener miedo. Como todo creyente, también la Madre Teresa tuvo que aprender a rezar. Y tuvo largos períodos en su vida en los que se sentía como si Dios estuviera lejos, muy lejos de ella. No sentía nada en su oración. Y así, la Madre Teresa comprendió una cosa: si Dios está muy cerca de mí, entonces tengo que vivir en relación con él, porque él es la fuente de mi vida, nada sucede sin que lo quiera Dios. Y

Orar quiere decir pensar en Jesús con amor. La oración es la atención del alma, que se concentra en Jesús. Cuanto más se ama a Jesús, tanto mejor se ora.

SAN CARLOS DE FOUCAULD

entonces buscó a Dios con mayor e incansable pasión. Escucha lo que escribía:

No creo que haya nadie que necesite tanto de Dios como yo. A veces me siento impotente y débil. Puesto que no puedo fiarme de mis fuerzas, me fio de él las veinticuatro horas del día. Mi secreto es muy sencillo: la oración. Comprendo que orar es amar. La oración agranda el corazón hasta que este es capaz de contener el regalo de Dios de sí mismo. Deseamos con todas nuestras fuerzas orar bien y no lo conseguimos. Para orar mejor hay que orar más. Si queremos ser capaces de amar, debemos orar.

Haz lo que puedas y reza por aquello que no puedes hacer. Y Dios te dará para que puedas hacerlo.

SAN AGUSTÍN

Todos los que conocieron a la Madre Teresa recuerdan que, en realidad, hacía muy pocas cosas: sonreía y atendía a la gente, trabajaba (cuidando a un enfermo terminal, escribiendo cartas en una de aquellas viejas máquinas de escribir) y rezaba. Las cuentas del rosario corrían sin cesar entre sus dedos. Su confianza en Dios era inmensa. Solía ocurrir que iniciaba proyectos sociales sin contar con un céntimo; entonces rezaba y estaba convencida de que Dios no la defraudaría. Y, efectivamente, él estaba allí. La vida de la Madre Teresa estuvo llena de milagros: por casualidad llegaba un cheque desde algún rincón del planeta con la cantidad exacta que la Madre Teresa necesitaba.

→ **Lc 11,9-13**

¿Comprendes ahora por qué tal vez sí sea buena idea aprender a nadar con la campeona del mundo? Es posible que nunca lleguemos a ser tan grandes orantes como la Madre Teresa. Pero también es bueno saber que haríamos verdaderos milagros si pusiéramos todo nuestro corazón en Dios.

En YOUCAT, el papa Benedicto XVI invita a los jóvenes a rezar. Dice así:

Por eso los invito a buscar cada día al Señor, que solo desea que sean realmente felices. Entablen con él una relación intensa y constante en la oración y, en la medida de sus posibilidades, encuentren momentos propicios en su jornada para permanecer exclusivamente en su compañía. Si no saben cómo rezar, pidan que sea él mismo quien se lo enseñe e imploren a su Madre celestial que ore con ustedes y por ustedes.

8.3 Una pequeña escuela de oración para quien quiera aprender a rezar

Tu libro de oración YOUCAT contiene una «Pequeña escuela de oración», muy útil para todos los jóvenes que de verdad quieren tomarse en serio su relación con Dios. El dramaturgo Bertolt Brecht (1898-1956) escribió: «La verdad es concreta». Aplicada a la oración, la frase quiere decir que aquellos que buscan realmente a Dios han de comprometerse a practicar una serie de pasos concretos. No es mala idea poner por escrito tus propósitos y tu plan de oración. Dice así la «Pequeña escuela de oración»:

Decídete

Dios nos ha querido y creado como seres libres. Muchas veces al día evaluamos, establecemos prioridades, tomamos decisiones. Sin decisiones, nada avanza. Si lo deseas, decide convertirte en una persona que ora y entabla una relación con Dios. Decide conscientemente: en tal momento quiero orar. Toma la decisión de la oración matutina desde la noche anterior y la de la oración vespertina desde la mañana.

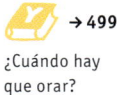

→ 499
¿Cuándo hay que orar?

Sé fiel en lo pequeño

→ 510
¿Es posible orar siempre?

Muchos comienzan con grandes propósitos de oración. Después de un tiempo, fracasan y creen que no pueden orar. Para esto, empieza con horarios de oración cortos y fijos, y mantente fiel a ellos. Entonces, tu deseo de orar y tu oración crecerán según el tiempo y las circunstancias te lo permitan.

Tómate tiempo para orar

Orar significa ser consciente de que Dios está dispuesto a escucharme. Con Él, no necesitas solicitar audiencias. Para el tiempo de oración, hay tres criterios que pueden ser útiles: elige un momento fijo (la costumbre ayuda), un momento tranquilo (con frecuencia, por la mañana temprano y por la noche) y un momento valioso, que con gusto disfrutas, pero que también estás dispuesto a regalar (no es un «tiempo perdido»).

Escoge un buen lugar

El lugar donde oras también influye en tu oración. Por lo tanto, busca un lugar donde puedas orar bien. Para algunos, puede ser el borde de la cama o el escritorio. A otros les ayuda tener un lugar preparado que asocien a la oración y que invite a ella: un taburete, un reclinatorio, una alfombra, un icono o una imagen, una vela, la Sagrada Escritura o un libro de oraciones.

Ritualiza y estructura tu vida de oración

En ocasiones, ponerse a rezar puede suponer un gran esfuerzo. Para adquirir el hábito, da a tu oración un orden fijo (un ritual). Esto no debe limitarte, sino ayudarte a no tener que pensar todos los días si quieres orar y cómo hacerlo. Antes de la oración, ponte conscientemente en presencia de Dios; después de la oración, tómate un momento para dar gracias a Dios y recibir su bendición.

Ora con todo tu ser

La oración no solo se realiza con pensamientos y palabras. En la oración, la persona en su integridad puede conectarse con Dios: tu cuerpo, tu percepción interna y externa, tu memoria, tu voluntad, tu pensamiento y tu sentir, o el sueño de la noche anterior. A veces, las distracciones también te proporcionan información importante sobre lo que realmente te ocupa y te mueve, y acerca de aquello que puedes traer ante Dios y dejar con él. Puedes anotar las tareas que te vienen a la mente durante la oración —y que no quieres olvidar—, y regresar después tranquilamente a la oración.

Ora de diferentes maneras

→ 491
¿Se puede aprender a orar con la Biblia?

Descubre y practica las muchas formas de oración, que pueden variar según el momento o tu estado de ánimo: la oración formulada por otras personas de oración, con las que me uno; la oración personal basada en mis circunstancias; la oración con una palabra de la Sagrada Escritura (por ejemplo, extraída de las lecturas del día); la oración del corazón (o la oración de Jesús), en la que se repite una breve invocación de oración o solo el nombre de Jesús con cada respiración; la oración interior, en la que todo nuestro ser guarda silencio y escucha...

Aprovecha las oportunidades

→ 498
¿Se puede orar en cualquier lugar?

También puedes aprovechar las oportunidades que se presentan para orar en momentos intermedios (por ejemplo, oraciones breves tipo jaculatorias, una petición, un breve agradecimiento o alabanza): el tiempo de espera, el viaje en autobús, en tren o en coche (sin poner música inmediatamente), el tiempo libre, la capilla o la iglesia en tu camino diario. Deja que estas oportunidades para orar se transformen en invitaciones que te conecten una y otra vez con Dios.

Deja que Dios hable

9

Orar también significa escuchar la voz de Dios. Dios habla con mayor claridad a través de las palabras de la Sagrada Escritura que la Iglesia lee día tras día. Habla a través de la tradición de la Iglesia y el testimonio de los santos. Pero también habla —a menudo de manera oculta— en el corazón de cada persona, por ejemplo, en el juicio de tu conciencia o mediante una alegría interior. La palabra de Dios en la Escritura hace audible la palabra de Dios en el corazón y le da voz. Deja que Dios hable en tu oración. Familiarízate con él para que puedas distinguir su voz entre muchas otras y aprender a reconocer su voluntad.

Ora con la Iglesia terrenal y la celestial

10

→ 492
¿Qué relación existe entre la oración de la Iglesia y mi oración personal?

Quien ora se coloca —ya sea solo o con otros— dentro de la gran comunidad de las personas que oran. Esta comunidad se extiende desde la tierra hasta el cielo e incluye a quienes viven hoy, así como a los ángeles, los santos y la multitud desconocida de quienes viven con Dios. Orar también significa rezar los unos por los otros. Por lo tanto, es bueno no solo rezar por uno mismo, sino también, cuando sea posible, orar con otras personas: con la familia, con amigos, con tu comunidad. Y con los santos. Puedes pedirles que recen por ti. Porque la solidaridad de oración de las personas ante Dios no termina con la muerte.

8.4 Las dos oraciones más importantes de los cristianos

Las dos oraciones más importantes que rezamos los cristianos son el **Padrenuestro** y el **Avemaría.** El Padrenuestro, porque Jesús mismo nos lo enseñó; el Avemaría, porque comienza con las palabras con las que el ángel de Dios anunció la encarnación de Cristo. No debería pasar ningún día de tu vida sin rezar estas dos preciosas plegarias.

Y → 491
¿Se puede aprender a orar con la Biblia?

Pero no las reces sin pensar: medita siempre el significado de sus palabras. Aquí te proponemos una «traducción» de ambas oraciones en otras palabras: se trata solo de una meditación que puede ilustrar la oración en cuanto tal, que es la que debes recitar. Habrá algún teólogo que no estaría muy de acuerdo con esta «traducción». Lo importante es que tú, junto con tus sacerdotes, tu catequista y tu grupo, intentes profundizar en el significado de estas palabras que te acompañarán durante toda tu vida. Acércate a estas oraciones más bien con el corazón, no tanto con la cabeza.

El Padrenuestro

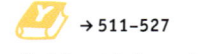

→ 511-527
¿Qué dice el Padrenuestro?

Padre nuestro que estás en el cielo:

Padre invisible de todo ser humano:

santificado sea tu Nombre;

queremos alabar tu grandeza;

venga a nosotros tu reino;

¡Haz que tu nueva vida se muestre en todas partes!

hágase tu voluntad en la tierra como en el cielo.

Que tus deseos, lo que tú quieres, prevalezca en todas partes.

Danos hoy nuestro pan de cada día;

Danos lo que necesitamos para vivir hoy, día a día;

perdona nuestras ofensas,

no nos trates según lo que hemos hecho;
concédenos un nuevo comienzo,

como también nosotros perdonamos los que nos ofenden;

igual que nosotros también damos una nueva oportunidad
a quienes nos han hecho algo;

no nos dejes caer en la tentación,

no nos dejes solos ante nuestras tentaciones,

y líbranos del mal.

protégenos más bien del maligno y de todo mal.

**[Porque tuyo es el reino, el poder y la gloria
por los siglos de los siglos.**

Porque contigo todo es como debe ser: ¡Tú, Padre, lo puedes todo!
Contigo nunca se acaba la alegría].

Amén.

Sí: así es, así lo creo.

Puedes rezar...

Más en:
→ 486

El Avemaría

Dios te salve, María,
llena eres de gracia,
el Señor está contigo.
Bendita tú eres
entre todas las mujeres,
y bendito es el fruto de tu vientre,

Jesús.

Santa María,
Madre de Dios,
ruega por nosotros, pecadores,
ahora
y en la hora de nuestra muerte.
Amén.

¡Hola, María!
Tú estás llena de la fuerza divina,
Porque Dios está contigo y en ti.
Hay más bendiciones en ti
que en cualquier otra persona
del mundo;
porque la Bendición está en tu seno:

es Jesus.

Santa María,
Madre del Dios hecho carne,
Ora por nosotros, fracasados, ante Dios,
en este momento
y cuando muramos.
Sí: así es, así lo creo.

Y → 480
¿Qué dice el Avemaría?

UNA ANCIANA CON MUCHAS ARRUGAS

9 La Iglesia: un hogar para ti y para mí

Hay muchos que andan criticando todo el día a la Iglesia. Coleccionan informaciones sobre los errores que han cometido los cristianos a lo largo de los últimos dos mil años y sobre los escándalos que existen hoy en la Iglesia. En muchos casos se trata de personas que han sido bautizadas y, por tanto, que pertenecen ellas mismas a la Iglesia. El famoso teólogo Karl Rahner (1904-1984) escribió en cierta ocasión: «La Iglesia es una anciana con muchas arrugas. Pero es mi madre. Y a una madre no se le pega». Tenía razón: ¡la Iglesia es nuestra madre! Ella nos ha dado la nueva vida cristiana; ella nos alimenta con la Palabra de Dios y con los sacramentos; sin ella no tendríamos fe, estaríamos todavía vagando en la oscuridad; sin ella tendríamos que auto-redimirnos, cosa totalmente imposible.

→ 121
¿Qué significa «Iglesia»?

9.1 La Iglesia no es un club de perfectos

Sí, es verdad que los escándalos en la Iglesia son y siguen siendo una vergüenza y fuente de disgustos. Pero no se trata de una pequeña falla de origen que podría solucionarse con algo de buena voluntad. El papa Francisco decía estas palabras en la misa de la fiesta del Corpus Christi de 2021):

→ 347
¿Por qué la «doble moral» es un reproche tan grave contra los cristianos?

→ 343
¿Cómo nos ayuda la Iglesia a llevar una vida buena y responsable?

Jesús escoge una habitación amplia para su última cena, una habitación amplia para un pequeño pedazo de pan. Dios se hace pequeño como un pedazo de pan y justamente por eso es necesario un corazón grande para poder reconocerlo, adorarlo, acogerlo. La presencia de Dios es tan humilde, escondida, en ocasiones invisible, que para ser reconocida necesita de un corazón preparado, despierto y acogedor. Se requiere una sala amplia. Se necesita ensanchar el corazón. Se precisa salir de la pequeña habitación de nuestro yo y entrar en el gran espacio del estupor y la adoración […]. También la Iglesia debe ser una sala amplia. No un círculo pequeño y cerrado, sino una comunidad con los brazos abiertos de par en par, acogedora con todos. Preguntémonos: cuando se acerca alguien que está herido, que se ha equivocado, que tiene un re-

corrido de vida distinto, ¿la Iglesia, esta Iglesia, es una sala amplia para acogerlo y conducirlo a la alegría del encuentro con Cristo? La Iglesia de los perfectos y de los puros es una habitación en la que no hay lugar para nadie; la Iglesia de las puertas abiertas, que festeja en torno a Cristo es, en cambio, una sala grande donde todos —todos, justos y pecadores— pueden entrar.

→ Mc 2,17

9.2 ¿Quieres entender el misterio de la Iglesia?

Si quieres comprender el misterio más íntimo de la Iglesia, observa esta imagen:

María es madre y prototipo de la Iglesia.
BENEDICTO XVI

A primera vista es una imagen de la Virgen María. Pero María es considerada, desde tiempos antiguos, como «Madre de la Iglesia». ¿Por qué? Porque su cuerpo fue la primera morada del Hijo de Dios encarnado. Es más: Jesús fue todo el sentido y el propósito de la vida de María. Ella vivía para él, él estaba en ella. Justo así debe ser la Iglesia: un lugar donde el RESUCITADO pueda actuar hoy. Un lugar de amor perfecto y de disponibilidad: «Hágase en mí según tu palabra», dijo María cuando el ángel llamó a su puerta. Dios buscaba un lugar para estar en medio del mundo: no solo lo buscó entonces para que Jesús pudiera vivir su vida; también lo busca hoy entre nosotros.

> ¡Ustedes mismos son el Cuerpo de Cristo, la Iglesia! Introduzcan el fuego nuevo y lleno de energía del amor de ustedes en la Iglesia, por más que algunas personas hayan desfigurado su rostro.
>
> BENEDICTO XVI, Prólogo del YOUCAT

La Iglesia no tiene otro sentido que Jesús mismo. Como cristianos, nuestra única ocupación es vivir para Jesús y dejarle trabajar. Entonces somos Iglesia. Dice Jesús en el evangelio de san Lucas: «Mi madre y mis hermanos son los que escuchan la Palabra de Dios y la practican» (Lc 8, 21). «La Iglesia es la familia de Dios en el mundo», decía el papa Benedicto XVI.

Así pues, la Iglesia es ante todo Jesús vivo que vive hoy entre nosotros. Después viene su «familia», todos nosotros: peque-

ños, imperfectos y pecadores, a quienes se nos permite ser «un solo cuerpo» con Jesús. Ahora quizá puedas entender mejor esta frase de san Pablo:

9.3 Ustedes son el Cuerpo de Cristo

Jesús se ha implicado tan profundamente con nosotros que somos «un solo cuerpo» con él. La Sagrada Escritura lo dice en muchas de sus páginas. San Agustín (354-430) escribía estas profundas palabras sobre lo que sucede cuando recibimos la

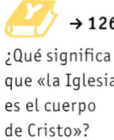

→ 126
¿Qué significa que «la Iglesia es el cuerpo de Cristo»?

sagrada comunión: «Ustedes reciben lo que son (el Cuerpo de Cristo), para que sean lo que reciben (el Cuerpo de Cristo)».

Mira a los miembros de tu grupo: ¡son hermanas y hermanos tuyos! Sí, en la fe todos ustedes son «un solo cuerpo»: ellos son como una parte de ti. La fe en Jesús los conecta más profundamente de lo que estás unido a tu madre o a tu padre o a tus hermanos de sangre.

→ 1 Cor 12,12-28

El texto bíblico más importante sobre la Iglesia como «Cuerpo de Cristo» está en la Primera Carta a los Corintios. Léelo con atención y trata de descubrir en él:

- ¿Qué es lo que recibes tú de los otros miembros del Cuerpo de Cristo?
- ¿Qué función podrías desempeñar tú en el Cuerpo de Cristo?
- ¿Cuáles son tus dones especiales?
- ¿Para qué te pueden necesitar tus hermanas y hermanos?

9.4 Ustedes son el Templo del Espíritu Santo

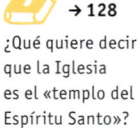

→ 128
¿Qué quiere decir que la Iglesia es el «templo del Espíritu Santo»?

Otra importante imagen de la Iglesia es la de «templo del Espíritu Santo». La palabra «templo» significa algo así como «espacio sagrado». Dios está presente en todas partes, pero a veces es difícil distinguir si estamos de verdad ante la presencia divina o ante algo meramente humano.

→ 2 Cor 6,16
Ef 2,20-22

Es fascinante leer en la Biblia que Dios realmente quiere «habitar» entre nosotros. Esa es nuestra tarea y misión: permitir que Dios pueda «vivir» en medio de nosotros.

Pero no somos nosotros quienes tenemos que construir un templo. Muchos han trabajado ya en él. Y, en última instancia, es el Espíritu Santo quien construye día y noche la morada de Dios entre nosotros.

9.5 Ustedes son el pueblo de Dios

El Concilio Vaticano II (1962-1965) recuperó una antigua imagen bíblica de la Iglesia: es el «pueblo de Dios», que «va peregrinando entre las persecuciones del mundo y los consuelos de Dios». La expresión «pueblo de Dios» se refería inicialmente al pueblo de Israel, con el que Dios comparte una larga historia. Con Jesucristo, personas de todo pueblo y cultura están ahora llamadas a caminar hacia Dios.

→ 125
¿Cuál es la singularidad del pueblo de Dios?

La Primera Carta de san Pedro explica este maravilloso mensaje.

→ 1 Pe 2,7-10

9.6 Un poco de organización

Si observamos la Iglesia de hoy, podemos asombrarnos por haber llegado a ser como es en dos mil años. Pero no conviene perder la perspectiva de conjunto.

- A veces vemos una *institución* enorme, llena de catedrales, iglesias, aparato administrativo, obispados, despachos, oficinas, instalaciones sociales.
- Otras veces contemplamos la *dimensión espiritual* de la Iglesia, y entonces hablamos de vocación y de orar, y admiramos a personas que entregan su vida por completo a Dios.

Ambas realidades van unidas: la **ESPIRITUAL** y la **INSTITUCIONAL.** Sin la organización humana, la Iglesia no podría existir en el mundo: necesita dinero para poder ayudar, salas para reunirse, personas que desempeñen un trabajo específico. Pero todo sería una maquinaria muerta y sin espíritu si lo **ESPIRITUAL** –la presencia viva de Dios mediante el Espíritu Santo– no fuera el corazón de la iglesia. Si quieres saber cómo se organiza la Iglesia, puedes consultar el YOUCAT.

→ 138
¿Cómo está estructurada la Iglesia una, santa, católica y apostólica?

¿Y todo esto para qué?

La Iglesia no es un fin en sí misma. A Dios ni le va ni le viene para nada la Iglesia si solo gira sobre sí misma. Él la estableció para el bien de la humanidad y, por tanto, la Iglesia debe ser «signo e instrumento de la unión íntima con Dios y de la unidad de toda la humanidad» (Concilio Vaticano II).

La Iglesia entonces cumple con su misión cuando realiza estas tres tareas básicas:

Proclamar la Palabra de Dios

→ 2 Tim 4,2

Administrar los sacramentos y celebrar la eucaristía

→ 123

¿Cuál es la misión de la Iglesia?

Servir a todas las personas en el amor

→ Mt 25,40

¡QUÉ GRAN REGALO!

10 La eucaristía: un Dios que se entrega

Algunos de los jóvenes que van a misa lo hacen un poco de mala gana. Dicen: «¡La música es aburrida, no me gusta la gente que va!». O bien: «Me aburro como una ostra». Y prefieren quedarse en la cama, sobre todo porque tampoco los padres suelen asistir a la celebración de la misa. ¿Por qué no consultas lo que dice el YOUCAT acerca del «Precepto de besar»?

→ 219
¿Con qué frecuencia debe participar un católico en la eucaristía?

10

10 razones ~~por las que no voy a la iglesia~~ por las que no me lavo

1. De niño me obligaban a lavarme.
2. Las personas que se lavan constantemente no son más que unos hipócritas que se creen más limpios que los demás.
3. Hay infinitos tipos de jabón: ¿cómo voy a saber cuál le conviene a mi piel?
4. La compañía de aguas quiere que yo consuma para así ganar dinero.
5. Recuerdo que intenté lavarme una vez, pero luego me ha resultado aburrido y es siempre lo mismo.
6. El cuarto de baño luce siempre un ambiente frío y aséptico.
7. Ya me lavo por Navidad y en Semana Santa: con eso creo que basta.
8. Ninguno de mis amigos considera necesario lavarse.
9. Realmente no tengo tiempo para lavarme.
10. Quizás me lave cuando sea mayor.

→ 345
¿Cuáles son los «cinco mandamientos de la Iglesia»?

Por tanto, tienes que presentar buenos argumentos si quieres poner ~~el lavarte~~ ir a la iglesia a la cabeza de tu lista de prioridades.

En la celebración de la eucaristía, Dios nos hace el mayor regalo del mundo: se nos da a sí mismo. Tú lo puedes recibir.

> Todo lo que sé y todo lo que tengo, me lo has dado tú.
>
> SAN IGNACIO DE LOYOLA

En muchas ocasiones nos resulta muy difícil dar y recibir regalos. Por muchas razones. Algunos regalos rozan el chantaje. Y otros regalos son «cosas» de las que queremos deshacernos: le ponemos un lazo y nos libramos de ello; que el otro cargue con la chatarra. Por eso hay gente a la que no le gusta recibir regalos. Dicen: «Prefiero comprarme algo yo mismo; así sé lo que tengo y no quedo en deuda con nadie». O: «No quiero tener que agradecerle nada a nadie».

Pregúntate si te gustaría vivir en un mundo en el que las cosas solamente se pudieran conseguir por dinero o porque tienes derecho a ellas. ¿Te gustaría que nadie te regalara nada? ¿Te haría feliz no tener que pensar en hacer un bonito regalo a alguien? ¿Preferirías eliminar la palabra «gracias» de tu vocabulario?

Un mundo así sería un horror. No solo sería un mundo frío e inhumano: sería también un mundo ateo (= sin Dios).

→ 1 Cor 4,7

Porque Dios solo puede dar. Creó el mundo libremente y por amor. Ha regalado la vida a todo ser. Nos ofrece su cercanía cada día. Si Dios no nos diera nada, estaríamos perdidos. Vivimos de sus dones, de sus bendiciones. La humanidad lo sabe desde siempre.

10.1 **¿Los pequeños regalos sostienen la amistad?**

Necesitamos bendiciones: si el tiempo no acompaña, la cosecha es mala y el hambre se instala en las casas. Pero eso no es todo: las ciudades pueden verse amenazadas por los enemigos; las plagas y enfermedades causan estragos. Por eso, prácticamente todos los pueblos ofrecían sacrificios a su dios o dioses. La gente se decía: «No está de más llevarse bien con los "poderes superiores"». Así que cogían lo que poseían de más valioso –las «primicias» de la cosecha, los animales más jóvenes del ganado– y se lo ofrecían a Dios. Los aztecas (y no eran los únicos) incluso hacían sacrificios humanos al dios Sol. Veían que la enorme bola de fuego, roja como la sangre, se ocultaba tras las montañas y temían que el sol divino no volviera a salir si no se le alimentaba con sangre.

> Dios te busca más a ti que a tu ofrenda.
> SAN AGUSTÍN

Así que las víctimas ofrecidas podrían ser...

- por un lado, un hermoso signo de agradecimiento al Dios que da la vida y la bendición;
- por otro lado, un intento desesperado de soborno, con la esperanza de mantener contento a una cruel pelele llamado «dios».

10.2 Dios, maestro en el dar

Dios no es alguien que da y luego espera con su calculadora a ser correspondido. Lo único que Dios quiere de nosotros es nuestro corazón y nuestra gratitud.

→ Sal 51,19

Dios es el dador más generoso del mundo. Y el más desinteresado. El YOUCAT dice: «Dios no quiere darnos menos que a sí mismo» (pregunta 338). El mayor regalo de Dios es Jesús. Y es en la eucaristía donde Jesús se hace don de sí mismo para todo el que participa en ella.

→ 208
¿Qué es la sagrada eucaristía?

«Eucaristía» (en griego = acción de gracias), dice el YOUCAT, era «originalmente la oración de acción de gracias, que en la celebración eucarística de la Iglesia primitiva precedía a la transustanciación del pan y del vino en Cuerpo y Sangre de Cristo. Posteriormente se aplicó la palabra a toda la celebración de la santa misa» (YOUCAT, p. 123).

→ p. 123

> Demos gracias a Dios por todo, pues de él procede todo bien.
> SAN FRANCISCO DE ASÍS

Cuando celebramos la «eucaristía» se realiza la gran acción de gracias de toda la creación a Dios. En la santa misa dice siempre el sacerdote: «En verdad es justo y necesario, es nuestro deber y salvación darte gracias siempre y en todo lugar, Señor, Padre santo, Dios todopoderoso y eterno, por Cristo, Señor nuestro...».

Así, un único, grande y gozoso canto sube desde la tierra hasta Dios. Jesús es el centro de ese canto, él es quien nos entrega su vida y quien devuelve a Dios la creación redimida.

10.3 ¿Cómo se nos ha dado Jesús?

En realidad, la historia comienza cuando Jesús se dispone a celebrar la cena de la fiesta de Pascua con sus discípulos en Jerusalén. No era nada extraño: todas las familias judías que podían permitírselo viajaban a Jerusalén para celebrar la Pascua, fiesta que conmemoraba la famosa noche del ÉXODO, cuando Israel fue liberado de la esclavitud egipcia.

→ Ex 12

Flashback:

Aquella noche se ordenó a los israelitas que sacrificaran un cordero de un año y sin defecto, y que untaran los postes de las puertas con su sangre. Allá donde el Exterminador encontrara la señal de sangre, pasaría de largo.

En la época de Jesús existían normas muy precisas sobre cómo celebrar esta solemne cena de Pascua. El cabeza de familia o jefe del clan desempeñaba un papel importante. Podemos imaginar a Jesús asumiendo este papel:

→ 99
¿Qué sucedió en la Última Cena?

- El jefe tenía que rezar una «eucaristía», es decir, una oración de acción de gracias al «Rey del universo, que hace brotar el pan de la tierra».
- Luego tenía que bendecir una copa especial de vino, dando gracias al Señor, «creador del fruto de la vid».
- Tenía que sacrificar un cordero de un año y sin ningún defecto.
- Ese cordero tenía que ser sacrificado a una hora exacta ya establecida...
- ... en el templo de Jerusalén.
- La hora del sacrificio fue: Viernes Santo, a las 15:00 horas.

Lee ahora el relato del evangelista Lucas sobre la cena que Jesús celebró con los apóstoles en Jerusalén.

→ **Lc 22,14-20**

El evangelista Juan subraya que dicha cena tuvo lugar un día antes de la Pascua. Si comparamos la narración de Lucas con el relato de Juan, parece como que Jesús cometió «cinco errores». ¿Podrías descubrir qué hizo mal?

10.4 Los cinco «errores» de Jesús

Por supuesto, Jesús no cometió ningún «error». Pero, cuando caes en la cuenta de estos cinco cambios, captas mejor cuál es el regalo que Jesús nos hizo en el Cenáculo y en el Calvario:

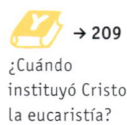

→ 209
¿Cuándo instituyó Cristo la eucaristía?

- La primera **diferencia** aparece en el calendario. Jesús celebró la cena pascual exactamente veinticuatro horas antes que el resto de los judíos. Sería como celebrar el Año Nuevo ya en Fin de Año. ¿Por qué Jesús la celebró el día que ahora llamamos «Jueves Santo»? Pues porque el Viernes Santo derramó su sangre por nosotros en la cruz, fuera de la ciudad, hacia las tres de la tarde. Justo en ese momento, en el templo de Jerusalén corría la sangre de los miles y miles de corderos pascuales sacrificados. Jesús decía así: «Yo soy el verdadero sacrificio que reconcilia al cielo con la tierra».

- La **segunda** diferencia no aparece explícitamente en el texto, pero puede apreciarse en muchas imágenes de la Última Cena: Jesús celebra con pan y vino, pero no hay cordero. No era posible una Pascua sin cordero. A menos que... Jesús mismo sea el cordero. ¿No había dicho el Bautista, cuando vio a Jesús por primera vez: «Este es el Cordero de Dios, que quita el pecado del mundo»? ¿Y cuál era la profecía de

→ Jn 1,29

Isaías que todo judío conocía? «Al ser maltratado, se humillaba y ni siquiera abría su boca: como un cordero llevado al matadero, como una oveja muda ante el que la esquila, él no abría la boca».

→ Is 53,7

La **tercera** diferencia está en el modo en que Jesús actuó con el pan y el vino. Del pan dijo: «Esto es mi cuerpo». Del vino dijo: «Esta es mi sangre». Desde entonces, esta transustanciación tiene lugar en cada santa misa. Y, a partir de ahí, la eucaristía tiene el poder de transformar la creación y como divinizarla, el poder de transformarnos a cada uno de nosotros, pecadores, y anticiparnos la vida eterna. Pero, ¿por qué comienza Jesús con el pan? Porque él quería ser el nuevo maná del desierto (el «alimento para la vida eterna»), con el que se puede sobrevivir a la muerte. ¿Y por qué prosigue con el vino? «Yo soy la verdadera vid, ustedes los sarmientos», dijo Jesús una vez. «El que permanece en mí, y yo en él, da mucho fruto, porque separados de mí nada pueden hacer» (Jn 15,5). Su sangre debe correr por nuestras venas como vino vivificante. «Nosotros mismos –dice el papa Benedicto XVI– debemos llegar a ser Cuerpo de Cristo, sus consanguíneos» (JMJ Colonia, 21 de agosto de 2005).

→ 210
¿Cómo instituyó Cristo la eucaristía?

La participación en el Cuerpo y la Sangre de Cristo no tiene más fin que el que nosotros nos transformemos en lo que recibimos.
SAN LEÓN MAGNO

- La **cuarta** diferencia es que Jesús asocia la fracción del pan a sí mismo. Así como este pan debía fragmentarse para distribuirlo entre todos, así ocurriría con él: su cuerpo habría de quebrarse, «entregado por ustedes». Él daría hasta su última gota de sangre, «derramada por ustedes». Dice Jesús en el evangelio de Juan: «No hay amor más grande que dar la vida por los amigos».

→ Jn 15,13

- La **quinta** diferencia es que Jesús incumplió el ritual de la cena pascual cuando dijo: «¡Hagan esto en memoria mía!». La Pascua de los judíos era un memorial sagrado del Dios libertador de Egipto. Ahora bien: o Jesús estaba ocupando el lugar de Dios (y cometía entonces un crimen digno de muerte, según los judíos), o era de verdad el Hijo de Dios, que realizó así un acto de liberación aún mayor que el éxodo de Egipto: morir para que nosotros tengamos Vida.

Así es como la cena pascual de Jesús se convirtió en el núcleo de la santa misa, en la que Jesús se nos entrega siempre de nuevo.

10.5 ¿Qué conseguimos con la eucaristía?

Una pregunta que suele aparecer cuando se trata de regalos es: «¿Y qué gano yo con esto?». En lo que se refiere a la eucaristía, el YOUCAT ofrece una buena respuesta.

→ 217
¿Qué sucede con la Iglesia cuando celebra la eucaristía?

En cierta ocasión, unos jóvenes le preguntaron a un sacerdote si tenía una explicación sencilla para la eucaristía. El sacerdote les respondió: «¡Sí! La tengo. Mirad: es como en el matrimonio. Lo más profundo que pueden hacer los esposos es entregarse mutuamente sus cuerpos y sus sufrimientos. Y quizá sea el sufrimiento que soportan unidos, o el sufrimiento que cada cual soporta por el otro, lo que les une más profundamente. Pues lo mismo sucede en la Eucaristía. Jesús me dice: "Te doy mi cuerpo –que es mi vida– y te doy mis sufrimientos". Y yo le digo a Jesús: "Yo también te ofrezco mi vida y mis sufrimientos"».

Aquellos jóvenes se quedaron muy pensativos. Y el sacerdote les dijo: «Eso es lo que pasa cada día, cuando celebro la santa misa".

10.6 ¡Las misas más hermosas de mi vida!

En 1975, el arzobispo de Saigón (Vietnam), Nguyen Van Thuan, fue detenido por el régimen comunista del país e ingresado en un «campo de reeducación», donde estuvo confinado durante trece años, nueve de ellos en absoluto aislamiento. Así contaba años más tarde su experiencia: «Cuando

me arrestaron, tuve que marcharme con las manos vacías. Les pedí a los míos que me enviaran un poco de vino como medicina contra el dolor de estómago. Los feligreses me enviaron una botellita de vino y, además, algunas hostias escondidas en una antorcha contra la humedad. ¡Qué gran consuelo! Diariamente, con tres gotas de vino y una gota de agua en la palma de la mano, celebré la misa: ¡ese era mi altar y mi catedral! ¡Han sido las misas más hermosas de mi vida!». En 1988, Van Thuan fue desterrado de su país, Vietnam, y tuvo que trasladarse a Roma, donde murió en 2002.

Van Thuan, en una situación de desesperación total, encontró el remedio contra la muerte y el miedo: el «Pan de Vida», Jesús.

El Señor no nos exige grandes obras, sino únicamente entrega y agradecimiento. No necesita nuestras obras, sino únicamente nuestro amor.
SANTA TERESA DE LISIEUX

Quien recibe la Sagrada Eucaristía, se pierde en Dios como una gota en el océano. No se pueden separar ya. Si después de la comunión alguien nos sorprendiera con la pregunta: "¿Qué es lo que llevan con ustedes a casa?", podríamos responder: "Llevamos el cielo con nosotros".
SAN JUAN MARÍA VIANNEY, Cura de Ars

PADRE MÍO: HABLEMOS (II)

11

Tienes disponible una nueva actualización: la confesión

Más o menos, ya sabes lo que ocurre si no actualizas tu ordenador durante un tiempo: llega un momento en que el sistema operativo se bloquea. O aparecen graves fallos de seguridad: el cortafuegos deja de funcionar, los virus y troyanos pueden causar estragos en tu PC y, al final, todos tus datos desaparecen.

→ 224
¿Por qué nos ha dado Cristo el sacramento de la penitencia y de la unción de enfermos?

«No necesito perdón y mucho menos confesión». Esto es tan absurdo como decir: «No necesito ninguna actualización, mi *software* funciona perfectamente sin ellas».

Se podría decir que Dios te ha creado con un maravilloso *software* en tu interior. Pero ese *software* también requiere actualizaciones periódicas. Si no descargas esas actualizaciones, hasta el mejor sistema operativo se estropeará con el tiempo. La **CONFESIÓN** –también conocida como «sacramento de la reconciliación»– es la gran oferta de actualizaciones que te ofrece Dios.

→ 225
¿Qué nombres hay para el sacramento de la penitencia?

11.1 Lo que te rompe por dentro

El pecado te destruye. Y pecado no es solo el mal que hacemos, sino también el bien que dejamos de hacer. Así que pecado no es solo la ira, la falta de bondad, la envidia, las pequeñas trampas que cometemos. Pecado es también el hecho de que podríamos haber ayudado a alguien y no lo hicimos. Pecado es que tenemos talentos y somos demasiado perezosos para trabajar con ellos. Pecado es que podríamos haber ayudado al triunfo de una causa justa, pero nos hemos escabullido cobardemente.

→ 226
Si ya tenemos el bautismo que nos reconcilia con Dios, ¿por qué necesitamos entonces un sacramento particular de la reconciliación?

Todos estos pecados y omisiones actúan como los virus en un PC: hacen que nuestra vida sea lenta, triste y fría. Un pecado lleva a otro. Y entonces nos llenamos de malos hábitos. A menudo pensamos que con un poco de buena voluntad podemos arreglarlo todo por nosotros mismos. Pero nos engañamos. Tras el enésimo intento tratando de eliminar los males de nuestro corazón, nos resignamos y nos limitamos ya solo a encubrir nuestra maldad. Pero nuestro pecado sigue ahí.

11.2 Dios nos ofrece un nuevo comienzo

Cada pecado que cometemos se dirige, en última instancia, contra Dios mismo. Él nos ha creado maravillosamente. ¿Y qué hacemos con este regalo? Vamos comprobando que poco a poco se torna sucio y feo. Y Dios no quiere eso. Por eso nos da una oportunidad única de hacer que nuestras vidas vuelvan a ser tan hermosas y activas como lo eran cuando fuimos creados por Dios como hijos suyos amados.

→ 228
¿Quién puede perdonar los pecados?

La historia del «hijo pródigo» –aunque sería mejor llamarla «historia del padre misericordioso»– es una de las páginas más bellas de la Biblia. Nos muestra a un Dios tan lleno de misericordia y bondad que ni siquiera el más brutal de nuestros desatinos puede disuadirle de su amor por nosotros.

→ Lc 15,11-32

Quizá tus pecados no sean tan graves como los del hijo pródigo. Pero también necesitas que Dios te reciba con su gran amor y ponga tu cuenta a cero. «Aunque sus pecados sean como la escarlata, se volverán blancos como la nieve». Así pues, haz que se cumpla tu deseo de que Dios te haga perfecto, hermoso y santo de nuevo. Haz un esfuerzo y ve a confesarte, ¡sobre todo ahora que quieres confirmarte! Piensa que hasta los propios sacerdotes se confiesan. Incluso el Papa se arrodilla habitualmente en el confesionario para contarle a un simple sacerdote sus pecados y omisiones y reconciliarse con Dios. ¿Te imaginas al sacerdote que tiene que escuchar los pecados del Papa?

→ Is 1,18

11.3 ¿Qué hace falta para una buena confesión?

Es posible que no tengas una idea muy exacta de cómo funciona la confesión: te aproximas a un confesionario (o sala de confesiones), sueltas tus pecados, escuchas unas palabras y te largas. Solo el dentista parece peor... Pero analicémoslo con tranquilidad. El YOUCAT te dice todo lo que es necesario para una correcta y buena confesión.

→ 232
¿Qué es fundamental en una confesión?

11.4 ¿Qué debo confesar?

Para descubrir qué aspectos de tu vida ya no funcionan bien y no corresponden al amor de Dios, te ayudará el llamado «examen de conciencia». El más antiguo del mundo se basa en los «diez mandamientos». Pero puedes encontrar muchos otros, por ejemplo en internet. Te presentamos aquí un modelo de examen de conciencia detallado, escrito especialmente para jóvenes:

→ 349 ¿Cuáles son los diez mandamientos?

No solo cometo un pecado cuando actúo sin amor, sino también cuando me miro a mí mismo y no permito que Dios me ame primero. Si rechazo su amor sin límites, yo mismo me vuelvo desamorado.

No es pecado disfrutar de las cosas buenas que tiene la vida, pero sí convertirlas en mis dioses y tratar de hacerme con ellas a toda costa.

→ 315 ¿Qué es en realidad un pecado?

No es pecado querer ganar dinero, pero sí que el bienestar y la riqueza lo sean todo para mí, o tener miedo de perder vida si comparto mis bienes con otros, especialmente con los más pobres.

→ 294
¿Es pecador quien experimenta en sí mismo pasiones intensas?

No es pecado luchar por que se respeten mis derechos, pero sí abusar de mis exigencias, volverme una persona desconsiderada y dura de corazón, menospreciar los derechos de los demás.

→ 291
¿Cómo puede distinguir una persona si sus actos son buenos o son malos?

No es pecado el hecho de sentir deseos e impulsos sexuales, pero sí dejarme dominar por mis instintos o utilizar a otras personas para satisfacer mi lujuria.

No es pecado que haya alguna persona que no me resulte simpática, pero sí tratar a las personas como si no fueran hijos amados de Dios, igual que yo.

→ 396
¿Cómo se relaciona un cristiano con la ira?

No es pecado criticar con discreción a otras personas, pero sí hacerlo de forma precipitada y sin amor, de forma que las pueda desacreditar o herir públicamente.

No es pecado que surjan en mí la envidia, la ira o la alegría por el mal de otros, pero sí no tratar de superar estos sentimientos y permitirles que guíen mis acciones.

→ 466
¿Qué es la envidia y cómo se puede luchar contra ella?

No es pecado hablar de los demás, pero sí contar secretos de manera irreflexiva, mentir o inventar historias maliciosas sobre ellos.

→ 455
¿Qué es ser veraz?

No es pecado callar en situaciones conflictivas, pero sí lo es callar cuando está en juego la justicia y alguna persona es humillada, calumniada o víctima de bulos.

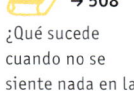

No es pecado entrar en discusiones con alguien, pero sí cuando solo busco pelea, o no escucho a los demás, o no acepto sus valoraciones, o me niego a buscar la verdad.

No es pecado el hecho de que mi corazón a menudo esté vacío cuando rezo, pero sí no dedicar tiempo a la oración o no hacer el esfuerzo de abrirme a Dios y escuchar su voz.

→ 508
¿Qué sucede cuando no se siente nada en la oración o incluso se experimenta una aversión a ella?

No es pecado sentirme en ocasiones inseguro de mi fe, pero sí alejarme de la comunión de los creyentes, no participar en la eucaristía, dar más importancia a las cosas terrenas que a las espirituales.

No es pecado hacer planes para mi vida, pero sí no dejar espacio en ella a Dios, de forma que no me interese el hecho de que mi vida esté en sus manos cada día.

¡LLEGÓ LA HORA DE LA VERDAD!

12 ¿Qué sucede en la Confirmación?

Si has seguido el proceso de la catequesis de Confirmación hasta aquí y has trabajado con este libro, sabrás que lo más importante de la Confirmación no es el súper-reloj o el celular que te puedan regalar tus familiares o amigos más cercanos, sino el momento mismo de la Confirmación. En ese instante sucede algo entre el cielo y la tierra, entre tú y Dios.

> Aquel que te creó te reclama a ti completamente.
> SAN AGUSTÍN

- Dirás **SÍ** al don de Dios, al Espíritu Santo.
- Él entrará en tu vida...
- ... y jamás te dejará, hasta el momento en que vuelvas a casa con Aquel que te ama sin fin.

Después de la homilía del obispo, proclamarás tu fe ante él. No se puede recibir ningún sacramento sin fe. Y, si realmente quieres recibir el Espíritu Santo, debes renunciar a todo lo que va contra Dios. Por eso el obispo, o su representante, pregunta a los confirmandos:

→ 203
¿Qué es la Confirmación?

Obispo: **¿Renuncian a satanás y a todas sus obras y seducciones?**

Los confirmandos (todos juntos): **Sí, renuncio.**

Después de lo negativo viene lo positivo:

Obispo: **¿Creen en Dios, Padre Todopoderoso, Creador del cielo y de la tierra?**

Los confirmandos (todos juntos): **Sí, creo.**

Obispo: **¿Creen en Jesucristo, su único Hijo, nuestro Señor, que nació de Santa María Virgen, murió, fue sepultado, resucitó de entre los muertos, y está sentado a la derecha del Padre?**

Los confirmandos (todos juntos): **Sí, creo.**

Obispo: **¿Creen en el Espíritu Santo, Señor y dador de vida, que hoy les será comunicado de un modo singular por el sacramento de la Confirmación, como fue dado a los apóstoles el día de Pentecostés?**

Los confirmandos (todos juntos): **Sí, creo.**

Como parte de este diálogo de fe, el obispo les pregunta a ustedes acerca de su compromiso en relación con la Iglesia:

Obispo: **¿Creen en la santa Iglesia católica, en la comunión de los Santos, en el perdón de los pecados, en la resurrección de los muertos y en la vida eterna?**

Los confirmandos: **Sí, creo.**

El obispo entonces confirma la confesión de fe de ustedes:

Obispo: **Esta es nuestra fe. Esta es la fe de la Iglesia, que nos gloriamos de profesar en Cristo Jesús, Señor nuestro.**

Todos: **Amén** (que significa: ¡Sí! Así es, así lo creo).

→ 118

→ Hch 2

El obispo invita ahora a todos a orar. Es un poco como en Pentecostés, cuando la joven Iglesia se reunió en torno a María y oró intensamente por la venida del Espíritu Santo. Como saben, aparecieron unas lenguas como de fuego, que descendieron sobre ellos. Pues bien, el obispo invita a la asamblea a rezar con estas o parecidas palabras:

Obispo: **Oremos, hermanos, a Dios Padre todopoderoso y pidámosle que derrame el Espíritu Santo sobre estos hijos de adopción, que renacieron ya a la vida eterna en el bautismo, para que los fortalezca con la abundancia de sus dones, los consagre con su unción espiritual y haga de ellos imagen perfecta de Jesucristo.**

Todos rezan en silencio y con todo su corazón. La mejor manera de hacerlo es de rodillas, porque arrodillarse es una forma especialmente intensa de oración.

A continuación, el obispo extiende las manos sobre los confirmandos. Con este gesto, el obispo quiere reunir y expresar todas las plegarias que elevan los que en ese momento están orando. Y dice las siguientes palabras:

Obispo: **Dios todopoderoso, Padre de nuestro Señor Jesucristo, que regeneraste, por el agua y el Espíritu Santo, a estos siervos tuyos y los libraste del pecado; escucha nuestra oración y envía sobre ellos el Espíritu Santo Paráclito; llénalos de espíritu de sabiduría y de inteligencia, de espíritu de consejo y de fortaleza, de espíritu de ciencia y de piedad, y cólmalos del espíritu de tu santo temor. Por Jesucristo nuestro Señor.**

Todos: **Amén** (que significa: ¡Sí! Así es, así lo creo).

→ 310
¿Cuáles son los siete dones del Espíritu Santo?

Y llega el momento de la Confirmación propiamente dicha. Un diácono u otro ayudante del obispo le lleva el santo crisma.

El crisma

Es un ungüento sagrado y perfumado. Está hecho a base de aceite de oliva, al que se le añade el suave aroma del bálsamo. En el Israel bíblico, reyes, sacerdotes y profetas eran ungidos con el crisma. El propio Jesús tiene el sobrenombre de «Cristo», que en griego significa «el Ungido». Por cierto: la palabra hebrea para «ungido» es... «Mesías». Puesto que pertenecen a Jesucristo, los confirmandos participan de la dignidad de Cristo, el gran Rey, el santo Sacerdote, el valiente Profeta. El hecho de que el crisma tenga un agradable olor tiene un significado simbólico: los confirmandos deben difundir la «fragancia de Cristo», es decir, el Evangelio.

> Yo estoy llamado a ser alguien o a hacer algo para lo que nadie más está llamado; tengo un lugar en el plan de Dios y sobre la tierra de Dios que no tiene nadie más. Dios me conoce y me llama por mi nombre.
>
> SAN JOHN HENRY NEWMAN

La institución de los padrinos

La figura del padrino es muy antigua, pues ya existía en la Iglesia primitiva. Es muy importante que, ayudado por tus padres, elijas un padrino o madrina de Confirmación realmente adecuado. El padrino de Confirmación siempre fue un cristiano católico, que gozaba de buena reputación y vivía su fe de manera ejemplar. Por lo tanto, tal vez no tendría que serlo tu generoso tío Manuel, que no quiere tener nada que ver con la fe, pero que está encantado de regalarte un reloj de oro. De hecho, no es necesario que el padrino sea un familiar tuyo. Podría serlo, por ejemplo, un joven mayor de tu parroquia, que esté comprometido en la Iglesia y pueda ser un modelo para ti. Porque el padrino o madrina de Confirmación no debe acompañarte solo el día de la Confirmación. La excursión chula y el

Los confirmandos se van acercando uno a uno al obispo. A cada cual le acompaña un padrino o madrina de Confirmación.

En el momento de la Confirmación, tu padrino o madrina pone su mano derecha sobre tu hombro y pronuncia en voz alta tu nombre. A veces también se le pide al confirmando que diga su nombre.

El obispo impregna su pulgar derecho en el crisma, pone su mano sobre tu cabeza y traza una cruz sobre tu frente con ese pulgar.

El obispo te llama por tu nombre y dice:

N., recibe por esta señal el Don del Espíritu Santo.

súper-regalo son tan importantes para la Confirmación como los adornos de la Navidad: ¡nada! Son, simplemente, bonitos. Tu padrino o madrina debe acompañarte, sobre todo, mientras creces en la vida y en la fe. En otras palabras: ser un poco como tu «entrenador personal en la vida de Dios».
Para expresar ante la comunidad su aceptación de esta tarea, el padrino o la madrina se coloca detrás de ti en el momento de la ceremonia de Confirmación y te pone la mano en el hombro. Técnicamente, los requisitos formales para ser padrino o madrina son: a) haber cumplido 16 años; b) estar bautizado y confirmado; c) pertenecer a la Iglesia católica; d) llevar una vida que corresponda a la fe y a la tarea de ser padrino o madrina.

Tu respuesta es:

Amén.

Que significa:

Sí, así es. Así lo creo.
Estoy de acuerdo.

El obispo dice entonces:

La paz sea contigo.

Y respondes:

Y con tu espíritu.

¡Felicidades: estás confirmado/a!

A continuación toda la asamblea reza por los recién confirmados, sus padres, padrinos y madrinas, toda la Iglesia y todo el mundo. Y prosigue la celebración de la eucaristía.
Lo importante de la celebración es el sello del Espíritu Santo en tu frente. En la Jornada Mundial de la Juventud en Sídney, el papa Benedicto explicó así a los jóvenes lo que significa esta marca sobre tu frente:

¿Qué significa recibir el «sello» del Espíritu Santo? Significa ser marcados de manera indeleble, ser transformados de manera inalterable, significa ser nuevas criaturas. Para los que han recibido este don, ya nada puede ser lo mismo. Estar «bautizados» en el Espíritu significa estar enardecidos por el amor de Dios. Haber «bebido» del Espíritu significa haber sido refrescados por la belleza del designio de Dios para nosotros y para el mundo, y llegar a ser nosotros mismos una fuente de frescor para los otros. Ser «sellados con el Espíritu» significa además no tener miedo de defender a Cristo, dejando que la verdad del Evangelio impregne nuestro modo de ver, pensar y actuar, mientras trabajamos por el triunfo de la civilización del amor.

(20 de julio de 2008)

→ 1 Cor 12,13

¡A trabajar con todas tus fuerzas!
¡Dios está contigo!

Fuentes

El examen de conciencia está tomado del folleto: *Sünde ist ... die Liebe leugnen*. Redactor: Bernhard Riedl. Arzobispado de Colonia, 2008.

YOUCAT Gebetsschule. Tomada de Georg von Lengerke / Dörte Schrömges (eds.) *YOUCAT Jugendgebetbuch,* Múnich 2011.

10 Gründe, warum ich mich nicht wasche aus. Tomadas de Norbert Fink (ed.), YOUCAT Jugendkalender 2013, Augsburgo 2012.

Cita en el apartado «La Iglesia no es un club de perfectos», tomada de Bernhard Meuser, *Christ sein für Einsteiger,* Múnich 2007.

Referencias de las fotografías

Jessica Abu Haydar p. 86; Tobias Bunk p. 106; Maria Clara Costa p. 35; picture-alliance / dpa p. 38; Dirk Egger, JUGEND2000 Regensburg p. 101; fisherman.fm (www.fisherman.fm) p. 33; Freepik p. 8; Peter Goda pp. 92; Eva Greitemann p. 96; Jozef Gwozdz SVD p. 77,78; Margarita Hailer p. 56; p. Leutenegger © Ateliers et Presses de Taizé, F-71250 Taizé-Communauté p. 63; Felix Löwenstein p. 67; Jerônimo Lauricio p. 12, 30, 66, 93; Omar López p. 44-45; P. Leo Maasburg p. 10; Elianne Makhoul p. 16, 29, 46; Mariusz Mielczarek SVD p. 84, 101; Platytera, Griechisch-Orthodoxe Kirche, Alte Schule 3, 51645 Gummersbach, Deutschland, Ikonenmaler: Konstantinos Chondroudis p. 80; Schnorr von Carolsfeld, Erschaffung der Welt p. 20; Luc Serafin pp. 20, 36, 102; Shutterstock: Es5669 p. 68; Daniel M Ernst p. 81; Alejandro Muñoz p. 24; Gerhard Weiss p. 75; Kathleen Wolfe p. 53
Guardas delanteras: Jerônimo Lauricio, YOUCAT; guardas de la parte posterior: P. Kilian Müller OCist

Fuentes libres:
Wikimedia-Commons: Creative Commons Lizenz by-20 (creativecommons.org/licenses/by/2.0/): Jon Worth p. 17; Creative Commons Lizenz by-sa-3.0 (creativecommons.org/licenses/by-sa/3.0/): Reysanchez p. 40

Dios tiene
un rostro humano:
Jesús.

PAPA BENEDICTO XVI

Qué hermoso es
poder mirarte a los ojos,
mi Dios.

Lleno de amor infinito
que miras.

Y yo te miro.

Mucho, mucho tiempo,
hasta que nuestras miradas se encuentran
y sé que estás ahí.

¡Mira en mi corazón!

Aleja todo
lo que se interpone entre tú y yo.

Deseo entregarte mi vida.
Dime tú cómo se hace.

Amén.